Gaetano Salvemini Colloquium
Harvard University

edited by / a cura di
Renato Camurri e Charles Maier

2

Gaetano Salvemini Colloquium in Italian History and Culture
Minda de Gunzburg Center for European Studies at Harvard University

The name of Gaetano Salvemini is intimately linked to Harvard. Salvemini first came to Cambridge in 1933 and taught here until 1948 thanks to a special fund made available by an American actress Ruth Draper, who was the partner of Lauro De Bosis – the young antifascist who died in 1931 as he was returning from a flight over the city of Rome where he had dropped antifascist leaflets – but thanks also to the direct influence of a number of people in and around Harvard, including the Supreme Court judge Felix Frankfurter, the historian Arthur Schelinger senior and the then President of Harvard, James Conant.

With the intent of commending and renewing the moral and intellectual legacy Salvemini left at Harvard, in 2012 the Minda de Gunzburg Center for European Studies and the Italian Consulate in Boston took the decision to inaugurate the *Gaetano Salvemini Colloquium in Italian History and Culture*, an annual lecture to be delivered each October.

The main aim of the *Colloquium* is to offer a series of high level scholarly reflections on questions that have left a mark on Italian political, intellectual and cultural history in the nineteenth and twentieth centuries. The central pillar of the *Colloquium* is an annual lecture delivered by a scholar of world renown followed by brief comments by some respondents.

Il nome di Gaetano Salvemini è intimamente legato a quello di Harvard. Lo storico italiano arrivò a Cambridge nel 1933 e vi insegnò fino al 1948 grazie ad uno speciale fondo messo a disposizione dall'attrice americana Ruth Draper, compagna di Lauro De Bosis – il giovane antifascista morto nel 1931 al ritorno da un volo aereo dimostrativo compiuto sopra Roma dove aveva lanciato dei manifesti contro il regime – e al diretto interessamento di alcune personalità dell'ambiente harvardiano tra cui il giudice della Corte Suprema Felix Frankfurter, lo storico Arthur Schelinger senior e l'allora presidente di Harvard James Conant.

Volendo valorizzare e rinnovare l'eredità morale e intellettuale lasciata dallo storico italiano ad Harvard, nel 2012 il Minda de Gunzburg Center for European Studies e il Consolato Italiano di Boston hanno deciso di dare vita al *Gaetano Salvemini Colloquium in Italian History and Culture* che con cadenza annuale si terrà nel mese di ottobre.

L'obiettivo principale del *Colloquium* è quello di presentare una serie di riflessioni di alto valore scientifico attorno a questioni che hanno segnato la storia politica, intellettuale e culturale italiana tra otto e novecento. La struttura del *Colloquium* ruota attorno ad una *Lecture* affidata ad uno studioso di chiara fama e agli interventi di alcuni *discussants*.

Massimo L. Salvadori

ITALY 1943-1948:
FROM CATASTROPHE TO RECONSTRUCTION

ITALIA 1943-1948:
DALLA CATASTROFE ALLA RICOSTRUZIONE

viella

Questo volume è stato pubblicato con il contributo
delle Cantine Ferrari di Trento

viella
libreria editrice
via delle Alpi, 32
I-00198 ROMA
tel. 06 84 17 758
fax 06 85 35 39 60
www.viella.it

Contents / Indice

Elaine Papoulias
*Executive director, Minda de Gunzburg Center
for European Studies at Harvard University*

Giuseppe Pastorelli
Consul General of Italy in Boston

Foreword

On October 16, 2013 Harvard University's Minda de Gunzburg Center for European Studies hosted the second annual *Gaetano Salvemini Colloquium in Italian History and Culture.* We are pleased to present the proceedings of the event, as it both disseminates the important ideas and reflections presented at Harvard to broader audiences as well as helps to keep the memory of Professor Gaetano Salvemini alive.

We are very grateful to Professor Renato Camurri for his introduction, Professor Massimo Salvadori for his keynote speech on one of the most complex and dramatic periods in 20th century Italian history, as well as Professor Charles Maier and Professor Silvana Patriarca for their comments which enriched the debate.

Many thanks to the Salvemini Colloquium Committee chairs Charles Maier, Daniel Ziblatt, Grzegorz Ekiert and Renato Camurri who conceptualized the academic framework for this event.

Finally, we also wish to thank Cantine Ferrari and its President, Mr. Matteo Lunelli, for supporting the publication of this second edition of the *Colloquium* proceedings.

Renato Camurri

Introduction.
A Conflict of Memories: Antifascism, Resistance,
and Civil War (1943-45)

1. *An Inconvenient Legacy*

The topic of this second edition of the Gaetano Salvemini Colloquium is one of the most complex in Italian
history. In just a few years, between July 1943 and April
1948, a rapid succession of events took place that are critical
to understand the history of post-fascist Italy along with the
political and institutional process that led to the approval of
the Constitution and the birth of the Republic.

The path between dictatorship and democracy is marked by a series of dates and events that are worth mentioning: July 25, 1943 (the fall of Mussolini), September 8,
1943 (the armistice, or rather the unconditional surrender
to the Anglo-American forces and the birth of the Resistance), April 25, 1945 (the end of the war), June 2, 1946 (the
Referendum to choose between the Monarchy and the Republic and the election of the Constitutional Convention),
and the political elections, by universal suffrage, on April 18,
1948 which ended this process.

We focus our attention above all on the crisis of 1943-
45 and offer observations that shed light on some problems
of interpretation relating to the complex issues that appea-
red on the Italian scenario following the fall of Mussolini.
Prof. Salvadori, will address these issues more extensively.

The dates mentioned above are key turning points in our recent history and to this day, are important civil holidays (April 25th and June 2nd). It was around these dates that the ruling class, during the first decades of the Republic, attempted to cement a sense of national community that had been shredded after twenty long months after Mussolini's fall. This process was not unlike what took place in other European countries, according to Tony Judt's observations.

These are some of the founding myths of the "Republic that arose from the Resistance", to borrow a phrase that became part of the political parlance in the immediate postwar period. The phrase is used specifically to emphasize the indissoluble link between anti-fascism, the War of Liberation and the Republican Constitution.

2. *A War on Memory*

But this is not the way it was. This very statement, which until a few years ago would have sounded like heresy, is no longer today. Anti-fascism is now in a state of crisis and the story which encompasses these turning points has divided Italians for a long time. The so-called "anti-fascist paradigm",[1] a term coined by the legal scholar Antonio Baldassare in 1986,[2] is now considered passé in the minds of most Italians, a dead-weight to be shed, a "State ideology" as the historian Renzo de Felice branded it.[3]

---

1. G. De Luna, M. Revelli, *Fascismo e antifascismo. Le idee, le identità*, Firenze, La Nuova Italia, 1995.

2. A. Baldassare, *La costruzione del paradigma antifascista e la Costituzione repubblicana*, in «Problemi del socialismo», 7 (1986).

3. Interview with R. De Felice, *Il fascismo e gli storici oggi*, in «Corriere della Sera», 8 January, 1988 (quoted in De Luna, Revelli, *Fascismo e antifascismo*, p. 5, note n. 9).

Therefore, it could be said that while in Germany the past that will not pass is Nazism, in Italy the past is represented by anti-fascism.[4]

Why did this happen? When did the anti-fascist paradigm come into crisis? What were the consequences of this process? What impact did this have on a already weak national identity?

Naturally it is impossible reply to these questions in just a few pages, but a starting point would be to clear the field from a few falsehoods and some misunderstandings.

No doubt we are talking about events long ago. One often hears the lament "why are we still talking about anti-fascism if Fascism no longer exists!" As late as the 70's, Pier Paolo Pasolini, an acute observer of the transformations that were taking place in Italian society, highlighted the disappearance of any anthropological difference between the anti-fascists and the fascists and stressed how the very adjective "fascist" had lost all negative connotations.[5]

One could complete the argument by stressing that not only does fascism no longer exist, but that its political heirs, who had been marginalized from Italian political life for so long, were given a clean slate in 1993 and, for all intents and purposes, occupied government posts at the highest levels of public life.

The second explanation that is often brought up refers to the turning point in 1989. The reasoning goes like this: since communism was an important component of anti-fascism, the demise of the first dragged the second to its grave.[6]

4. M. Isnenghi, *La polemica sull'8 settembre e le origini della Repubblica*, in *Fascismo e antifascismo. Rimozioni, revisioni, negazioni*, edited by E. Collotti, Roma-Bari, Laterza, 2000, p. 270.

5. P.P. Pasolini, *Studio sulla rivoluzione antropologica in Italia, in Id., Saggi sulla politica e sulla società*, edited by W. Siti, S. De Laude, Milano, Mondadori, 1999, pp. 307-312.

6. S. Luzzatto, *La crisi dell'antifascismo*, Torino, Einaudi, 2004, pp. 7-8.

Both explanations are not exhaustive. What is certain is that the crisis of anti-fascism was accelerated by the popular "revisionist" historiography.[7] Starting in the 80's this train of thought succeeded in deconstructing a sugarcoated and rhetorical image of the Resistance and, in diminishing its value, and even its military contribution. It even reintroduced the notion that members of the Resistance were responsible for a series of homicides and massacres before and after April 25, 1945.

The end result is that Italy failed to build a collective memory based on a (shared) reconstruction of the past rooted in the present, as suggested by the French sociologist, Maurice Halbwachs in his work published following his death at Buchenwald in 1945.[8]

Frozen in the Cold War years, the clash on how to interpret the past that emerged in the early 60's, became particularly fierce in the 80's and broke out into the open with the crisis of the First Republic (1992-94). This clash has fed a clumsy and artificial search for an Italian shared memory (which is different from the collective memory mentioned previously):[9] an impossible feat in the case of Italy for the simple reason that in order to arrive at a shared memory, history must be erased.[10]

---

7. Cf. G. Santomassimo, *Il ruolo di Renzo De Felice*, in *Fascismo e antifascismo. Rimozioni, revisioni, negazioni,* edited by E. Collotti, Roma-Bari, Laterza, 2000, pp. 415-429.

8. We are referring to M. Halbwachs, *La mémoire collective*, Paris, 1968 (First edition, 1950). For an English translation, see *On Collective Memory*, edited and translated by L.A. Coser, University of Chicago Press, 1992.

9. On the risk of "bargained memory lapse", see B. Spinelli, *Il sonno della memoria. L'Europa dei totalitarismi*, Milano, Mondadori, 2001.

10. Cfr. Luzzatto, *La crisi dell'antifascismo*, p. 23. S. Pivato, *Vuoti di memoria. Usi e abusi della storia nella vita pubblica italiana*, Roma-

The result was a devastating conflict surrounding the past and a controversy about which civil holidays to celebrate, starting with the proposal to abolish the commemoration of Liberation Day of April 25. There were also debates about history textbooks, street names, and war memorials: a war on memory that has few equals in European history.[11]

3. *Italy's Death and Rebirth*

Unlike the Italian public political debate, which progressively twisted itself around infinite controversies, academic research has produced a series of works over the last twenty years that have opened new perspectives on the study of the intricate transition from Fascism to Democracy.

These studies have taken inspiration from a reevaluation of the trauma inflicted on the Italian population with the Armistice of September 8, 1943. This trauma spelled the collapse of state institutions, the dishonorable flight of the King from the capital, the dissolution of the army, and the disbanding of hundreds and thousands of soldiers, a colossal "fall out, men!" which involved entire state apparatuses and the very ruling class that was melting away like the snow under the sun.[12]

"Cupio dissolvi, finis Italiae," "Italy is finished," "the motherland is dead," *"de profundis,"* these are some of the expressions that resonated in those dramatic days. Italy fell

Bari, Laterza, 2007, pp. 47-48.E. Traverso, *Il passato: istruzioni per l'uso. Storia, memoria, politica*, Verona, Ombre Corte, 2006.

11. See F. Focardi, *La guerra della memoria. La Resistenza nel dibattito politico italiano dal 1945 a oggi*, Roma-Bari, Laterza, 2005. For a comparison among the different European cases, see N. Gallerano, *Memoria pubblica del fascismo e dell'antifascismo*, in AA.VV, *Politiche della memoria*, Roma, Manifesto libri, 1993, pp. 7-20.

12. E. Aga Rossi, *Una nazione allo sbando. L'armistizio italiano del settembre 1943 e le sue conseguenze*, Bologna, Il Mulino, 2003.

into a state of utter chaos: within days the German ally became the enemy and the Anglo-American enemy became
the new ally.

There was a precipitous shuffling of roles and positions
that involved everything and everybody. Not only institutions, but also individuals were overwhelmed by this catastrophe: "everyone was both a patriot and a traitor, a vol-
unteer and a deserter, liberator and occupier," wrote Mario
Isnenghi.[13]

Such a traumatic shift led to unexpected switching of
sides, repositionings, betrayals, difficult choices for which
many Italians were not prepared.

I believe it must be challenging for a non-Italian public
to understand the complexity of this situation and the human and political dramas consumed by it. Thus we turn to
one of Italo Calvino's most eloquent passages when the author of *Il sentiero dei nidi di ragno* (The Path to the Spiders'
Nests) has one of the book's protagonists, the partisan Kim,
utter these words to describe the climate:

"Basta un nulla, un passo falso, un impennamento
dell'anima, e ci si trova dall'altra parte."

"It took nothing, a wrong step, a flaring up of the spirit
and one ended up on the other side."[14]

What does this sentence illuminate for us? It tells us
that in the whirlwind of those weeks and months, individual
choices were not always made on the basis of specific ideological convictions. Often there were imponderables at play
that could determine a person's destiny, variables that had
nothing to do with rigid ideological confines. To be clear,
these are the same borders that, until a couple of decades

13. M. Isnenghi, *La polemica sull'8 settembre e le origini della
Repubblica*, in *Fascismo e antifascismo*, ibid. p. 246.
14. See I. Calvino, *Il sentiero dei nidi di ragno*, Torino, Einaudi,
1964, p. 146.

ago, fed into the image of this period of Italian history that gave us a rhetorical view of the Resistance.

Thus, there is truth in what Walt Whitman wrote referring to another civil war : "the real war will never get into the books." The phrase could not be more appropriate to describe the situation in Italy between 1943 and 1945.

Those Italians who faced each other in a cruel confrontation that spared no blows, perpetrated acts of violence and atrocities of all kinds both upon combatants and civilians, including the persecution of Italian Jews by the Nazis and their fascist allies, in a web of impulsive acts and intentions that historians to this day have not succeeded in deciphering and interpreting and, frankly, perhaps never will.[15]

It is a coincidence that this day, October 16, marks the 70th anniversary of the round up of the Jewish ghetto in Rome (1943), an event that is still commemorated in Italy by several research projects. On that tragic day at five am. seventy years ago, the SS conducted a moping up operation in the Ghetto and captured 1,024 adults and 200 children. Two days following these arrests, 18 boxcars left the train station in Rome for Auschwitz. Only 15 came home from Poland.

The memory of that episode, and in general, the issue of violence would require an in-depth analysis for which we lack the time. I shall limit myself to mentioning the work of Arno Mayer, *The Furies. Violence and Terror in the French and Russian Revolutions*[16] which views violence as an incubator of progress and to affirm that the value of the Resistance also lies in its choice to resort to arms to combat Fascism and its allies and to restore Democracy in our country.

15. P.G. Zunino, *La Repubblica e il suo passato*, Bologna, Il Mulino, 2003, p. 217.

16. A. Mayer, *The Furies. Violence and Terror in the French and Russian Revolutions*, Princeton (NJ), Princeton University Press, 2000.

4. *A Civil War*

So, what *did* happen during those long twenty months?

In fact, some Italians decided to follow Mussolini in his last and desperate adventure with Italian Social Republic, the so-called Republic of Salò. Others decided to fight Nazi-fascism by bearing arms, or by collaboration in one way or the other with the Partisan groups; most decided not to decide.

It was this group of men and women who swelled the ranks of the so-called "grey area", an expression coined by Primo Levi in *I sommersi e i salvati*[17] to describe the area of a concentration camp situated between what the author calls the "masters" and the "servants." This distinction was picked up later by historians of the Resistance to indicate a vast area that emerged in the aftermath of September 8, 1943 and that was populated by members of the civilian population including intellectuals, journalists, politicians who performed spectacular acts of about-face and double cross.[18] They chose to disengage from any type of active participation in the war and passively waited out the situation with only one real goal- and hope- in mind: the end of the conflict.[19]

A long forgotten and discarded series of memoirs piled up in this grey area, although it would be more correct to speak about a plurality of grey areas. For a long time only film

17. Torino, Einaudi, 1986.

18. R. Liucci, *Spettatori di un naufragio. Gli intellettuali italiani nella seconda guerra mondiale*, Torino, Einaudi, 2011.

19. See C. Pavone, *La resistenza oggi: problema storiografico e problema civile*, in «Rivista di storia contemporanea», 2-3 (1992), pp. 456-480; in particular the passage on p. 476 and quoted in R. Liucci, *La tentazione della casa in collina. Il disimpegno degli intellettuali nella guerra civile italiana (1943-1945)*, Milano, Unicopli, 1999, p. 17.

imagery succeeded in evoking the atmosphere and the climate in Italy following the armistice, most often resorting to comedy to narrate the tragedy. I am referring not so much to *Tutti a casa* (Everybody go Home) by Luigi Comancini (1960) but rather to *Il Generale della Rovere* by Roberto Rossellini (1959), "a milestone in the film imagery of September 8."[20]

The memoirs that emerged in the post-war period just reinforced the notion that between 1943 and 1945 there were two (or more) conflicting ideas of nation and homeland (the national-fascist and the democratic) and that the fight for liberation had taken on the aspects of a civil war among Italians. Adopting this concept, which has been part of the European historical lexicon for a while now,[21] is the only one that can succinctly take into account the complexity of the period between 1943 and 1945 and supersedes the old and idolized image of the Resistance.

We cannot begin to take stock of the works produced by Italian historical studies over the last twenty years dedicated to this particular area of study. We feel compelled, however, to mention the work of Claudio Pavone, *Una guerra civile. Saggio sulla moralità della resistenza* (A Civil War. An Essay on the Morality of Resistance), whose book published in 1991 sparked a lively debate and strong criticism.

That book, recently translated into English,[22] revolves around the central hypothesis that between 1943 and 1945 three wars were fought: a "patriotic" war, waged against the German invader, a "class" war in the meaning attributed to the communist component of the Italian resistance in the fight against Nazi-fascism, also seen as the proletarian struggle against the capitalist forces, and finally the "civil" war,

20. Isnenghi, *La polemica sull'8 settembre*, p. 255.

21. See E. Traverso, *A ferro e a fuoco. La guerra civile europea 1914-1945*, Bologna, Il Mulino, 2007.

22. C. Pavone, *A Civil War: A History of the Italian Resistance,* with an introduction by Stanislao G. Pugliese, London, Verso, 2013.

the one fought by the Partisans against the Fascists; in other words a war among Italians.

Pavone draws upon a vast series of source and documentary material and treads into this grey area that extends from the so-called "Resistenti" (a concept that is broader than "Partisans") who were active politically and militarily to the military-Fascists. Navigating in this no-man's land, Pavone examines, and in part restores, some aspects of the Resistance. For example, he writes about "passive resistance", which others have called "resistance without arms",[23] tackles the complex issue of the different forms of "collaborationism" and in addition examines the behavior of those who vacillated between one pole and the other on the playing field.

What emerges is a vast fresco, which weaves together contrasting worlds and speaks to us of conquerors and the conquered, and that for the first time gives a voice to the hidden Italy that played such a critical role in the post-war period. This voice contributed to debunking the Resistance myth and was a contrast to the culture of antifascism.

There is no doubt that this book has the merit of having paved the way for new studies, although, frankly, it does not appear that these new approaches have been sufficiently taken advantage of by Italian and European historians. In concluding, allow me to give two examples: one positive and one negative.

The first concerns the case of Italian POWs, which outnumbered WWI prisoners three to one and were spread out on all continents. The problem posed for many of them in the aftermath of September 8, 1943, was whether to collaborate with the military authorities who had captured them. This was the case in Germany where, dramatically, about

23. S. Peli, *La resistenza in Italia. Storia e critica*, Torino, Einaudi, 2004, p. 205.

600,000 Italian troops were taken prisoner and were forced to choose on which side to continue fighting. Italian historical studies have done much useful work on this topic over the last few years.

The second example, on the other hand, concerns the jails and places of forced and voluntary exile in Europe and in non-European countries, where the best of Italy took shape at the end of the war. Historians have not sufficiently studied this topic.

These are "worlds" in which men like Gaetano Salvemini contributed in one fashion or the other to the antifascist struggle, with hopeful eyes focused on what was to happen after the fall of Fascism and the War of Liberation.

Together with another great Italian antifascist from Harvard, George La Piana, Salvemini, published *What to do with Italy* in 1943, which is illuminating not only because the whole book was already projecting into Italy's future, on the great problems of reconstruction, but also because it contains an important insight. Salvemini and La Piana warn us to be aware that the winds of change brought by the Resistance were destined to collide with a series of domestic constraints (namely the role played by the Catholic Church), and international restraints, traditions, political cultures, and centers of power which were to hamper the difficult transition towards liberty, leaving an incomplete Italian democracy in its wake.

This was a clear warning to historians. Paraphrasing a line of the last theatrical comedy by Totò, one of the great faces of Italian theatre, we can say that Italian history cannot be written by disregarding ("a prescindere", said the famous actor) the long-standing profound trends that have shaped our identity.

This is another small gem bestowed to us by Gaetano Salvemini.

(Translated by Sim Smiley)

Massimo L. Salvadori

Italy 1943-1948:
From catastrophe to reconstruction

In July 1943 the Fascist regime collapsed. The regime had taken shape between 1925 and 1926, once Mussolini had crushed all opposition and transformed the government into one based on his persona and a single party. It was to last until the increasingly serious military defeats endured by Italy during the Second World War led to a systemic crisis that could no longer be managed. Later, in April 1948, the Christian Democrats won a spectacular electoral victory. The party's triumph put a definitive end to the post-war period that had been characterized by a series of anti-Fascist coalition governments up to May 1947. It also marked the beginning of an era that ended with the collapse of the First Republic in 1992-93. These events are the starting- and ending-points of my brief observations on almost five years of Italian history. During the first phase of this period, opposing foreign armies occupied Italy and this was followed by the collapse of the unified state. The country broke up into two enemy states and fell into a civil war between the neo-Fascists reorganized by the Germans and the partisan forces united under the Resistance. During the second phase the country was rebuilt.

The collapse of the Fascist regime between July 24 and 25, 1943 was the fruit of two "conspiracies," one that had matured within the Fascist ruling elite and the other within the monarchy, with the two eventually intertwining. The Allied invasion of Sicily provided the trigger, followed in quick succession by a no-confidence vote against Mussolini by the Grand Council of Fascism and his arrest by King Victor Emanuel III. Military defeat in Sicily occurred almost without resistance, despite Mussolini's pompous reassurances that the invaders would be mowed down as soon as they set foot on the sacred homeland. The defeat threw Mussolini and his Fascist hierarchy, King Victor Emanuel III and his entourage, and the military leaders into a state of panic. It also stirred alarm in the Germans, for whom Italy had been as fragile as a clay pot since the beginning of the war; Sicily was further evidence of the Italian military forces' extreme weakness. In this situation, both Fascist and monarchic leadership feared for the suddenly dramatic future and were trying to find a way to save themselves. This collapse of a whole power structure led to the downfall of the State itself.

The Fascist dissidents and the King's entourage did agree on one point: supreme military responsibility formerly in the hands of the discredited Mussolini was to be entrusted to the King, but they could not agree on the future government for the country. The goal of the majority of Fascist dissidents was to uphold the regime, with the significant exception of Dino Grandi, the principal architect of the conspiracy within the Grand Council and one of the regime's more outstanding figures. By now, however, the King was finally convinced that such a goal was unrealistic, and so entrusted Marshal Badoglio to head a government made up of military officers and senior civil servants. The sovereign's decision laid bare just how weak the Fascist dictatorship was during this time of peril, a dictatorship which Mussolini had longed for under the shield of a sort of strong totalitarianism. It revealed how much the strength of the regime relied on the alliance, first with the Monarchy, which had maintained control over the military, and second with the Vatican and industry. Now all were abandoning the dictator that they had long supported.

Mussolini's fall unleashed a wave of popular enthusiasm with assaults on Fascist party offices, cheers for the King, and the destruction of the symbols of the regime and its fallen dictator. The surprise was that not even the Fascists were moved to defend the power that had held Italy in thrall for twenty years.

The *coup d'état*, therefore, came straight from the top. Neither the people, who burst onto the scene only after Mussolini's arrest, nor the anti-Fascist parties, whose roots in the country were at best tenuous, played a role in the coup. The leaders of these parties had led a difficult life in exile, while the smaller anti-Fascist groups that had clandestinely remained in Italy were above all made up of Communists and members of the Justice and Freedom Party ("Giustizia e Libertà") who were systematically and very efficiently controlled and repressed. Because of this, they were isolated and incapable of undertaking significant opposition during the first few years of the Second World War. Their reawakening was spurred by Italy's increasing number of defeats in the great conflict, the worsening of living conditions for the working class and finally, and above all, the fall of the regime.

Fascist leaders and the King were prompted to act because they feared that impending military defeat would open Italy up to scenarios that could spin out of control. The Fascist dissidents who sought to save the regime by sacrificing Mussolini failed in their attempt. Indeed, in order to save the monarchy, the King was compelled to abandon his support of the regime even though he had been its biggest ally. A combination of factors helped bring down the Fascist house of cards. There was the feeling of exhaustion from losing the war that had spread to every layer of society, starting with the workers who went on strike in Piedmont and Lombardy in March 1943. There was also an increasing tendency among the captains of industry to abandon the regime. Finally, influential political and military leaders were asking themselves how they could extract the country from a war for which it lacked the necessary resources from the time Mussolini first waged war on June 10, 1940. After seeing how the scale would tip, the leadership finally concluded that it was an illusion to think that victory was within reach because of the spectacular German victories which led to France's rapid and sudden defeat and Great Britain's desperate fight for survival.

Although it is impossible to measure consensus in a dictatorship and popular votes are notoriously unreliable, until Italy entered the war the Fascist regime had enjoyed broad support from industrialists, landowners, the vast majority of the middle class, the Catholic Church, the monarchy, senior civil servants, and military officers. However, it is more difficult to assess how deep its roots were among the lower social classes, many of whom, in any case, were pro-Fascists. A very weak opposition was made up of a few intellectuals and small groups of active anti-Fascist leaders from the Communist and the Justice and Liberty ("Giustizia e Libertà") parties. It was the Justice and Liberty party that later gave rise to the Action Party ("Partito d'azione") in 1942. Finally, the opposition also included a minority of workers and farm workers that cannot be quantified. The repression was particularly harsh on opposition leaders and the working class. During the years of the dictatorship, of the 4,596 people convicted by the Special Tribunal for the Defense of the State, over 70% were workers, craftsmen and farm laborers. About 14,000 anti-Fascists were forcibly exiled to remote locations. Many tens of thousands were placed under police surveillance. When Italy declared war, there was a widespread sense of detachment and a level of anxiety that could not be concealed by the waves of people gathered at Piazza Venezia in Rome. But it was between 1942 and 1943 that the consensus for Fascism steadily began to erode. Military operations had clearly changed course, as was demonstrated by the disastrous defeats by the Italian and German forces at El Alamein and by the Germans at Stalingrad. Despite this, the regime was able to stay in control. It took the invasion of Sicily to precipitate the situation and to spur the two-pronged reaction from Fascist dissidents against Mussolini and the monarch against the regime.

The move to overthrow Mussolini should have been accompanied by a realistic plan to deal with three major issues: preparing for Hitler's inevitable reaction, reaching a basic understanding with the Anglo-Americans, and establishing guidelines to keep the army at a relatively efficient level. But before anything else, the decision of whether or not to break the alliance with Germany had to be taken. The spectacle created by the Fascist conspirators, the King, and military leadership reflected a moral and political disaster. Everybody was improvising and was overtaken by events. The story of the negotiations was a triumph of incompetence and duplicity. On the one hand there were negotiations with the Germans, with the King and Badoglio initially offering assurances that the alliance would be respected and that Italy would continue to fight the war on their side. On the other, there were negotiations with the British and Americans, who were not properly informed of Italy's intentions. This had dramatic consequences before, and even more so after, the Allies announced the final armistice on September 8, just a few hours ahead of the Italian announcement that would have put an end to the ambiguity. The poisoned fruit of this double-dealing came in two forms. On the one hand, the Germans were given free reign to strengthen their armed forces on the peninsula and on the other, the Italian army rapidly and completely disintegrated immediately after the armistice was declared. Italy collapsed, abandoned by its utterly irresponsible and incapable leadership. Total confusion reigned.

And so began the most tragic crisis in the history of the unified state, a state that, bluntly speaking, ceased to exist. Immediately after the King and Badoglio fled and abandoned Rome, they set up the so-called Kingdom of the South under the protection of the Allied forces. In the meantime, Mussolini was freed by the Germans and created a neo-Fascist republican regime in the North called the Italian Social Republic, under strict Nazi supervision and control. Thus there came into existence two enemy states – in fact, states only in appearance – each of which accused the other of having betrayed the homeland. Meanwhile, the Italian people had been left entirely to fend for themselves, just like the Armed Forces, who were marching toward tragedy. Abandoned and without orders, most armed units fell apart and entered into a state of chaos. Only small numbers took up arms against their former allies with a desperate sense of courage in Rome, in some areas of the Balkans, and above all on the island of Cephalonia, where Italian soldiers were massacred by the thousands. The great masses of soldiers left behind their uniforms and weapons and started wandering in search of a temporary refuge or a way home. Several hundred thousand were rounded up by the Germans and deported to Germany.

This was the second catastrophe to hit Italian politics and society, after the one that occurred between 1919 and 1922 and which had led to the collapse of the so-called "Liberal state." There were acts of bloody violence perpetrated above all, but not exclusively, by the Fascists against the socialists and communists. It also led to the progressive consolidation of the Fascist dictatorship between 1922 and 1925. This second catastrophe, which began in July 1943 and ended in April 1945, was even more tragic, more devastating, and much more bloody than the first, but the outcome was the opposite. Whereas the first catastrophe had destroyed the liberal institutions that had seen the beginnings of a democracy struggling to come forth, the second led to the definitive fall of Fascism, the reconstitution of the unified state and the creation of a democratic state. But this democracy was still far from being mature because it was founded on institutions whose principles were not truly shared by all.

In September 1943, two Italies rose up against each other: the neo-Fascist Italy, and the Italy of the Resistance. The first was subject to the Nazis. The second was made up of forces whose undercurrents, though united in the fight against the enemy, were deeply divided by their conflicting perspectives on the post-war period. This Italy was linked to the Kingdom of the South, where anti-Fascist parties had renewed their activities as members of governments led initially by Marshal Badoglio and subsequently by the former reformist socialist Bonomi and supported by the Allied Powers. But this was the problem: what did these two Italies represent? Obviously neither recognized the other, and each considered the other to be traitors and the slaves of foreign enemies and therefore deserving of oblivion after the final victory. The partisans saw the Social Republic simply as a puppet regime of the Germans. The neo-Fascists saw the partisans as bandit outlaws and the Kingdom of the South as a government of turncoats. And so began a brutal all-out civil war.

The two opposing Italies denied each other's existence. Yet each existed and had its own consensus, even though in terms of quantity and characteristics the consensuses were completely different. The greatest tragedy was what affected young people on both sides: all felt great bitterness about the country's desperate plight. Some condemned both the Fascist leaders, who had betrayed Mussolini, and the King and

Badoglio, both of whom had abandoned the sinking ship after having given their full support to Fascism. Others condemned the entire ruling elite that had brought Italy into a war that she was not prepared for, enslaving the country to the Nazis and finally allowing chaos to take over through their own cowardice and ineptitude. The public opinion of Italian youth was split, and this was a reflection of the Italian people as a whole.

The civil war began in September 1943 and lasted until April 1945, eighteen long months during which the two enemy Italies fought each other. The neo-Fascist state survived because of German bayonets. The state had a modest regular army as well as the Black Brigades made up of some of Mussolini's most fanatic loyal Fascists, who were mostly engaged in the ruthless suppression of partisans. Among the neo-Fascists there were idealists, mainly the youngest fueled by the desire to avenge the honor of Mussolini's heirs, who fought side-by-side with their German comrades. These idealists coexisted with forcibly recruited conscripts, mercenaries, adventurers, torturers, collaborators, and spies motivated either by money or conviction. For a certain period they all hoped that recovery would come in the shape of secret, invincible German military weapons that Hitler was holding in reserve. Hitler had promised that these weapons would reverse the course of the war despite the relentless signs that it was being lost. When that hope dissolved, the sense of failure grew and desertions multiplied, as hopelessness and certainty about the imminent death of their world grew. Mussolini, the leader who had inundated Italy with the motto "If I advance, follow me, if I fall behind, kill me," abandoned his own men in the final hour of defeat. The fall of the Social Republic was epitomized by Mussolini's trying to save himself in a German uniform, only to be executed by the partisans. Although opposed by the vast majority of the population, the Social Republic had nonetheless enjoyed support. This is shown by the fact that the Republican Fascist Party had about 250,000 members in November 1943, and that in December 1944 an enthusiastic crowd of about 30,000 people gathered in Milan to listen to Mussolini's last public speech.

Italians determined to break with the past and give the country a different future carried out resistance in the regions occupied by the Germans. It would become something of a cliché to define the Resistance movement as a second *Risorgimento*, in reference to the event that gave birth to the unified state in 1861. Its members were mostly the young who had been educated by the regime and many of whom had gone off to war as fervent Fascists. But the painful conduct of the war and the catastrophe of 1943 propelled them to the other side. There were also more mature Resistance members, who had previously given their consent to Fascism or had remained passive to it or even suppressed their hostility to Fascist power. There were disbanded soldiers and officers from the dissolved army who were still loyal to the King and had taken refuge in the South. There was the small, persecuted elite who had openly opposed the regime and had been persecuted by Fascism, some of whom had belonged to political parties from the pre-Fascist era that had survived in exile. To these were added other young militants from clandestine groups that had challenged the regime and paid the price for it. It was the members of these elites, joined by high-ranking military officers, who took over the moral and political leadership of the Resistance movement. Of course, there was the dead weight added by some ambiguous and very negative characters, who cloaked themselves under the mantle of the Resistance to cover up acts of violence or theft as well as those who swelled the ranks at the eleventh hour without having accomplished anything. To use expressions that may appear rhetorical, but are not, the Resistance represented the "Italy of Hope," which initially fought an extremely harsh and bloody struggle but gradually gained confidence in the certainty of victory, while the neo-Fascists stood for the "Italy of Despair," and month after month saw the approach of inevitable ruin.

In the areas under German occupation, caught between the opposing sides (Mussolini's followers along with their Nazi masters on one, the partisans on the other) lay the majority of the population. With the exception of a small privileged group, the population was exhausted and terrified, and it led an extremely difficult life. Struggling for the rare scrap of bread when not actually starving, people suffered from the physical, material and spiritual horrors of a war between armies as well as a civil war. Italians shared the fate of other countries dominated by the Germans, even though their situation was less tragic than that of the Soviet and Polish peoples. To which of the two parties did these people give their support? This is another question that is important to ask and equally difficult to answer. After 1945, historians who celebrated the Resistance movement answered the question in rhetorical and often uncritical tones reminiscent of the official tones used at the time to extol the Risorgimento and the national Fascist revolution.

They claimed that a neo-Fascist Italy had not really existed because the Social Republic was an artificial creation of the Nazis. It was a puppet state whose only support came from small group of fanatics, while the vast majority of the population supported the partisans with passion and determination.

This view was seriously challenged by a school of historians called "revisionists" led by Renzo De Felice. This historian was the well-known author of a monumental biography of Mussolini, the first volume of which was published in 1965. First of all, De Felice challenged the idea that *Il Duce* had become merely an Italian Quisling after September 1943. On the contrary, he argued, Mussolini had been a patriot in his own way and tried to prevent the German occupiers from setting up a regime similar to that of Poland in terms of violence and brutality. Second, he claimed that the argument that the vast majority of the population, albeit in varying degrees, had supported the Resistance with conviction was unfounded. De Felice spoke about the existence of a vast "gray area" between the neo-Fascists and the partisans, made up of people who were indifferent, apathetic, and passively waiting for events to unfold. It is my opinion that the celebratory view of the Resistance can be criticized for being excessive because there is no doubt that a significant proportion of the population was on a holding pattern, and even indifferent, during the struggle between the opposing sides. But I also believe that the revisionist view should be criticized for an excess of a much greater magnitude. Historians on either side have not answered this question persuasively. Rather, it is the author Beppe Fenoglio, himself a partisan, who revealed in his narrative writings the mind-set of combatants on both sides and the feelings of ordinary people with profound human, historical and political insight. Fenoglio focused particularly on the attitudes of farm workers from the plains and the mountains, who suffered varying degrees of poverty. These people, utterly exhausted by the war, no matter who was waging it, were caught between the two fires of having their meager resources confiscated by the partisans and the reprisals, arrests, killings and fires set to their homes by the Fascists and Germans. Despite this, and often cursing as they did, the peasants supported the partisans, among whom they recognized their sons and brothers. In fact, if the majority of the rural and urban population had not supported the partisans, they could not have survived; and yet they did. Initially they numbered a few thousand but by October 1944 the number had increased to about 110,000 according to Fascist sources. This was quite an impressive number given the ferocity of the repression. Factory workers also widely supported the Resistance movement. The impressive strikes of March 1943, the only case in an Axis-occupied country, were followed by more in German-occupied Italy in November-December 1943 and later in March 1944. The strikes provoked the inevitable German reaction.

While the partisans were fighting in central and northern Italy, with around 30,000 killed and about 10,000 civilian victims of Nazi-Fascist repression, in the Kingdom of the South the reconstituted anti-Fascist parties had reorganized themselves and had joined the coalition governments led first by Badoglio and then by Bonomi. Of grave concern to the Allies, the groups surrounding the Monarchy, and the conservative and moderate parties was the fact that the strongest partisan groups were either linked to the Communist Party, or to a lesser extent to the Action Party. The latter party was made up of socialists and the progressive middle class, who appealed for a post-war "democratic revolution." The government of the south and the Resistance forces in the north were united in the fight against the Germans and the Fascists, but – as already mentioned – strong internal divisions persisted regarding post-war reconstruction and foreign policy. What they did share was the idea that a democratic state had to be built, but again their concepts of democracy were far apart. Communists and socialists wanted to establish a republic, enact radical change to the foundations of the old state, and oust those who had supported Fascism, including prominent capitalists. They were preparing for the right moment to create a socialist society founded on the collectivism of the means of production. Followers of the Action Party shared the objective of destroying the forces which had propped up Fascism, but were firm believers in not only restoring and preserving the political and civil liberties of the republican liberal democracy but also creating a reformist state which would combine private and publicly owned property. This was a departure from the Soviet model, which was idealized by the communists as the final goal. In the center there were those such as the Christian Democrats, who swung between the monarchy and a republic. Though they were persuaded that political and social reform was needed, they rejected leftist radicalism of both the social-communists and the Action party. To the right were those, such as the Liberals, whose principal figures and intellectual mentors were Benedetto Croce and Luigi Einaudi, and military circles close to the King. Both groups sought to preserve the monarchy and envisioned the post-Fascist state essentially as a return to the Liberal state of the pre-Fascist period.

The Liberation of April 1945 confronted the country with the dilemma of how to proceed with the political and economic reconstruction of Italy. The country had emerged from the war with heavy human and material losses, though to a lesser degree than the hardest-hit European countries. Deaths among soldiers, partisans and civilians numbered about 400,000. Significant damage had been inflicted on land and maritime transportation and many homes had been destroyed. However, productive capacity in the agricultural and livestock sectors was still running at about 63% of 1938 levels and industry at more than 70%. The dearth of investment capital and aging industrial equipment were sources of great weakness. Despite the difficult times, between 1945 and 1948 the foundations were laid for the economic recovery, in which U.S. aid would play a significant role.

Lastly, I would like to dwell on the political and institutional reconstruction, which was punctuated by three events. The first was the victory of those in favor of a republic in the institutional referendum of June 2, 1946, to decide whether Italy would remain a monarchy or not. The second was the approval of the Constitution, which came into force in January 1948. The third was the extraordinary victory of the Christian Democrats in the elections of April of that same year. While the elections handed leadership of the country to moderate forces, the defeat of the Popular Front saw Togliatti's Communists gaining a majority of votes over Nenni's Socialists, who were relegated to a subordinate position. It was only in 1956, the year of the Hungarian tragedy, that the Socialists would break away definitively.

Between 1945 and 1948 the unified state was reconstituted: new institutions were created, and the foundations for economic development were laid that would quickly transform Italy over the next decade into a major industrial power. But these positive results were accompanied by serious limitations on how the renewal was to take place and revealed the unbalanced nature of political, economic, and social development. First, the Republic had won by a fairly modest margin, 12,718,614 votes versus 10,718,502. This highlighted the tremendous divide between the predominantly republican north, where the Resistance had fought and which voted with a 66.2% majority in favor of the Republic, and a predominantly royalist south, which voted 63.8% in favor of the Monarchy. The numbers were contested, and the monarchists made accusations of fraud. But there was a second political divide. On one side was the Communist Party, which had acquired mass support in part because of the role it had played in the Resistance movement together with and the Socialist Party, an ally for many years. On the other side there were the moderates led by the Christian Democrats, the right-wing forces of the monarchists, and the neo-Fascists, reorganized as a party in December 1946. This political rift was further widened in 1950 by the division of the trade unions into four competing organizations. The largest was closely tied to the communists and socialists, the other three respectively to the Catholics, the social democrats, and the right. The third limitation concerned the fact that the state apparatus, its organization, bureaucracy, and judicial system were barely touched. Fourth, the way economic reconstruction was undertaken reintroduced the traditional and profound gap between the north and the south. The north was rushing through a significant economic and social modernization that had been launched in the 1940s and was to continue during the following decade. Meanwhile the south was fated to remain significantly behind, despite the government's widespread policy of supporting agriculture, services, and industry. But the results were disappointing because insufficient means had been invested and goals had been poorly defined. Specifically, the agrarian reform aimed at building robust small and medium-sized farms was a substantial failure. Therefore, the persistent backwardness of the *Mezzogiorno* sent waves of emigrants to northern Italy and beyond the Alps, in numbers reminiscent of the Giolitti period.

On the day of the institutional referendum, June 2, 1946, elections also took place for the Constituent Assembly to give the country its new institutions. The elections were crucial in defining the power relationship among the parties, which up to that point had been unclear. The results were that the masses supported the pre-Fascist parties by a wide margin. The Christian Democratic Party, a direct descendant of the Popular Party, gained 35.2%, followed by the Socialist Party with 20.7% and the Communist Party with 18.9%, while the Action Party only got 1.5%. The outcome was significant because the Christian Democrats, who got the most votes, were outnumbered by the social-communists while the Socialists got more votes than the Communists – something they were never to achieve again. Finally, even though the Action Party had played a preeminent role in the fight against Fascism and for the liberation, it became an insignificant player, which foreshadowed their dissolution. The results galvanized hopes among the left that it could become the majority in the near future.

The political and social struggles between 1945 and 1948 were very acute. The knotty question was whether the country would be led by the pro-Soviet left or the pro-Western moderates headed by De Gasperi. The problem was partially resolved first in May 1947, when De Gasperi, under US pressure, put an end to coalition governments. These governments were a legacy of the Resistance, in which the anti-Fascist parties had participated. The next step was the definitive electoral victory of the Christian Democrats in April 1948. The Church and its supporting organizations such as Catholic Action had lent their passionate and widespread support to the Christian Democrats. Italy was now completely engulfed in the Cold War, which had erupted worldwide. The Cold War clearly pitted the capitalist world led by the United States against the Communist world led by the Soviet Union, with Eastern Europe under its control. The Christian Democrat victory demonstrated that the country was consolidating its position within the liberal-democratic capitalist sphere. At the same time, the left, while defeated in its strategy, was strong at the polls and had overwhelming support from the working class and a good portion of farm workers as well as direct or indirect support from a significant number of influential intellectuals.

The aftermath of the Liberation, following the divide between 1943 and 1945, was that the institutions of the unified state were rebuilt, despite the extremely weak or even non-existent feeling of national unity. Between 1943 and 1945 the Resistance forces had put aside their differences and celebrated their unity in the fight against the Nazi-Fascists. After the Liberation, however, the divergences between the opposing forces dominated the scene, although not to the point of causing irreparable harm, and this was a very important point. On one side Republicans, on the other Monarchists; on one side the victorious forces of the Resistance, on the other a sizeable minority of vanquished Fascists and their sympathizers who felt alienated by the political and institutional changes that were emerging in Italy after the defeat. From the first day following the Liberation, the decisive pro-Soviet Communists and socialists, who were in the majority, opposed the moderate and center parties led by the pro-American Christian Democrats and of course the right-wing Monarchists and neo-Fascists. The latter two were also in opposition to each other. The great internal divide which had characterized the Liberal and later the Fascist period was duplicated in the democratic-republican Italy.

Internationally, the social-communists clearly sided with the Soviet Union, who in their eyes had given definitive proof of Stalin's success in establishing socialism during the Second World War and was now leading the anti-capitalist transformation in more and more areas of the world. The majority of militants and communists and socialist workers turned a deaf ear to the unrelenting charges, made by the anti-communist parties, of Stalin's crimes, of his horrific harsh dictatorship, of the detention camps, and of the misery soviet workers and farm laborers had fallen into. Largely what discredited these charges was that they mimicked the pounding Fascist propaganda, now used by the imperialists and American capitalists, and which the anti-communists had turned into a Greek chorus. For those militants who believed the clever propaganda put forth by the Communist and Socialist party leaders, the Soviet Union embodied the "workers' paradise," with equality and social justice for all. All of this meant that, even though the United States provided Italy and Western European countries with enormous resources (e.g. food, clothing, and capital) to satisfy its own strategic goals, that country did not win the sympathies of the communist and socialist masses. Certainly Italy could not have undertaken its economic recovery without US assistance, and this aid was used by the Left against them. The only form of capitalism that the left-wing workers knew in Italy was the weak version in place during the Liberal period and then under Fascism, when the captains of industry and landowners sealed their bond with the dictatorship.

It should be stressed, however, that this clash of values and positions, both on domestic and international issues, did not prevent some of the Communist and Socialist party leaders from sealing a pact of national unity. The Christian Democrats also reached significant agreements, which contributed to laying a common foundation for the new state after 1945. Three party leaders of great stature made this possible: the Christian Democrat Alcide De Gasperi, the Communist Palmiro Togliatti, and the Socialist Pietro Nenni. Cooperation among anti-Fascist parties led to the creation of the "national unity" governments, the first of which was presided by Ferruccio Parri. However, Parri was forced to give way to De Gasperi in December 1945. This collaboration ended in May 1947 when the leader of the Christian Democrats put an end to it, in part under US pressure. Thus the Socialists and Communists were excluded and a moderate government was created with Christian Democrats, Liberals, and independents. The left had hoped for continuity in government and there was the inevitable tension when the formula broke down. Despite this, the collaborative work of the Constituent Assembly was never placed in doubt. When the proceedings concluded, a new Constitution was enacted in December 1947.

After the war, Italy was afflicted with many serious problems caused by the rebuilding of the housing and transportation sectors and in general all services destroyed by military operations, as well as the launching and strengthening of the productive sector. In addition, there was the looming and crucial issue of sentencing Fascists accused of crimes and the purging of state officials and industry leaders who had been the backbone of Fascism before and after 1943. Finally there were widespread illegal acts of violence accompanied by many killings committed against Fascists and collaborators, an explosion of vigorous separatist movements, especially in Sicily, and acute social conflicts caused by the extremely difficult living conditions among factory workers and farm laborers. All these issues were handled with considerable compromise and in a spirit of political realism, as is demonstrated by the coalition of anti-Fascist governments and the parties that supported them. In June 1946, it was the Communist leader Togliatti, Minister of Justice at the time, who granted broad amnesty to almost all imprisoned Fascists. As to the purges, those went nowhere. Thus a broad strategy of restoring peace was quickly put into place that was supported by a very active judiciary. There were many trials and severe sentences given to those who were accused of having committed crimes and persecutions in order to "settle scores". Former partisans and communists in particular were suspected of arbitrary acts of violence during the civil war. The failed purges had the effect of consolidating the power of the state bureaucracy and preventing its renewal. The separatist movements, which were centered in the regions of Valle D'Aosta, Alto Adige, and especially in Sicily, were put under control and repressed by granting broad administrative autonomy; in Sicily, where separatists had taken up arms, military action was used.

At the conclusion of this very rapid survey, I should stress two additional aspects of great importance for the country's economic and institutional reconstruction. The first is that the socialist-communist parties and trade unions, despite their traditional ideologies, contributed greatly to containing political and social conflicts and to encouraging economic recovery. They did so following a substantially moderate approach in both areas. The head of the Communist Party, Togliatti, took decisive steps to align the party in that direction. After the liberation, Togliatti understood the implications of Europe being divided into spheres of influence between the Soviet Union and the United States. He succeeded in containing party extremists and isolating political currents, which nurtured hopes of rebellion and even insurrection. Togliatti opted instead for legality and the use of the "bourgeois democracy" to pave the way for a socialist transformation when future conditions would be ripe.

The second aspect worth mentioning was the contribution made by Communists and Socialists in drafting the Constitution. A bicameral parliamentary system was set up after the Action Party proposal of a strong presidential system was rejected because of fears of authoritarian and party rule. The Constitution was the result of several compromises between the principles of liberal democracy and the values of social solidarity, which were particularly dear not only to the Communists and Socialists but also to Catholics on the left. As Togliatti said, the Communists made concessions to Catholic interests so as not to divide the masses and spark a religious battle that the Church and the Christian Democrats would take advantage of at the expense of the left. The Constitution came into effect in January 1948 and was very progressive in terms of social and labor rights but at the same time very conservative when it came to the relationship between Church and state. Indeed, the Lateran Treaty concluded between the Fascist regime and the Catholic Church in 1929 was simply inserted into the Constitution. This was done by appealing to the overwhelming Catholic majority and therefore to the Church's privileges *vis-à-vis* the state. The Socialists, Action Party members and Liberals voted against the provision, whereas the Christian Democrats and the Communists (who were insensitive to the principle of secular institutions) voted in favor. The Constitution proclaimed a secular, democratic, and republican state, even though it created a clear and discriminatory distinction between the legal status of the religious minorities and Catholics, with Catholicism still recognized as the sole state religion. So the Republic was in fact only a "semi-secular" state. The Communists accepted this Constitutional compromise and contributed to its success, in the vain hope of one day overcoming it and making the transition from a "bourgeois democracy" to a "socialist democracy."

Once the Constitution entered into force, on April 18, 1948, new elections took place. The outcome surpassed all expectations. The Christian Democrats obtained 48.5% with 305 seats in the Chamber of Deputies; the Democratic Popular Front, which united Communists and Socialists, received 31% of the votes with 183 seats. The success of the Christian Democrats turned the party into the leading power and laid the foundation for its political and electoral domination, which lasted for a whole historical period. The burning defeat of the social-communists was notable for the fact that the Communist Party received more votes than the Socialist Party. This trend was to remain the case until the end of the First Republic. In a similar context, De Gasperi showed great leadership by bringing into the fold the small secular parties and by resisting pressure from the Roman Catholic Church and its more conservative groups, who wanted a more "clerical" government.

These were the foundations of Italy's liberal democratic parliamentary state. The problem was that in the Italy of 1948, liberalism was in fact an ideology and a political culture without heirs. The Christian Democrats had little of the liberal spirit, and the communists and socialists had none at all, while the small Liberal Party was a conservative force with very weak roots. This is how political and cultural pluralism took hold in Italy. However, the party system that resulted from the Christian Democrats' spectacular victory in 1948 gave rise to the latest in a series of paralyzed systems, after those of the liberal and Fascist states. During the First Republic, which came to an end in the early 1990s, this system gave the Christian Democrats and their allies a renewed oligarchic system of government. Thanks to the domestic and international Cold War climate, this system not only prevented the Communists from assuming state leadership, since they were considered a danger to democracy even though they constituted the main opposition party, but also, on account of the party's anti-establishment nature, effectively refused the legitimacy of the party's aspiration to hold power. The way was also blocked by the firm opposition of the United States. Thus, the incomplete nature and anomaly of Italian democracy emerges when compared to other more mature and better functioning systems. For several decades the legacy of bureaucratic centralism typical of both the Liberal and Fascist states would exert its considerable influence, highlighting the strong limitations of the institutions created after 1945.

(Translated by Sim Smiley)

Elaine Papoulias
*Executive director, Minda de Gunzburg Center
for European Studies at Harvard University*

Giuseppe Pastorelli
Consul General of Italy in Boston

Premessa

Il 16 ottobre 2013, il Minda de Gunzburg Center for European Studies di Harvard University ha ospitato la seconda edizione dell'annuale *Gaetano Salvemini Colloquium in Italian History and Culture*. Siamo lieti di presentare gli atti di quell'evento che ci consentono di far circolare i contenuti delle riflessioni presentate in quell'occasione, e ci aiutano a mantenere viva la memoria di Gaetano Salvemini..

Ringraziamo sentitamente il professore Renato Camurri per la sua introduzione, il professore Massimo Salvadori per il sua preziosa lezione dedicata ad una delle fasi più complesse e drammatiche della storia italiana del novecento, il professore Charles Maier e la professoressa Silvana Patriarca per i loro commenti che hanno arricchito la discussione finale.

Un caloroso ringraziamento al Salvemini Colloquium Committee, composto da Charles Maier, Daniel Ziblatt, Gezgorz Ekiert e Renato Camurri che ha curato l'impostazione scientifica di questo appuntamento.

Infine, vogliamo ringraziare le Cantine Ferrari di Trento e il suo presidente Matteo Lunelli, per il supporto finanziario offerto alla pubblicazione di questo volume.

Renato Camurri

Introduzione.
Conflitti della memoria: antifascismo, Resistenza,
guerra civile (1943-1945)

1. *Una scomoda eredità*

Il tema scelto per questa seconda edizione del Gaetano Salvemini Colloquium è uno dei più complessi della storia italiana. In pochi anni, tra il luglio del 1943 e l'aprile del 1948, si susseguono in rapida sequenza una serie di avvenimenti di fondamentale importanza per comprendere la storia dell'Italia post-fascista e per capire su quali basi essa inizia un percorso politico e istituzionale che porterà all'approvazione della Costituzione e alla nascita della Repubblica.

Un percorso dalla dittatura alla democrazia segnato da una serie di date e di avvenimenti che è il caso qui di elencare: il 25 luglio 1943, la caduta di Mussolini), l'8 settembre (l'armistizio, meglio sarebbe dire la resa incondizionata all'esercito anglo-americano, e la nascita della Resistenza), il 25 aprile 1945 (la fine della guerra), il 2 giugno 1946 (il referendum tra Monarchia e Repubblica e l'elezione dell'Assemblea Costituente), le elezioni politiche a suffragio universale del 18 aprile 1948 che chiudono questo ciclo.

Concentreremo la nostra attenzione soprattutto sulla crisi 1943-45, con alcune riflessioni tendenti a mettere in evidenza alcuni problemi interpretativi che riguardano le complesse questioni che si aprono nello scenario italiano all'indomani della caduta di Mussolini: problemi che saranno approfonditi dalla relazione di Massimo Salvadori.

Quelli sopracitati sono passaggi-chiave della nostra storia recente, date che ancora oggi scandiscono il calendario delle grandi feste civili della nostra nazione (25 aprile e 2 giugno) attorno alle quali le classi dirigenti dei primi decenni repubblicani cercarono di cementare una comunità nazionale uscita dilaniata dai lunghi venti mesi che seguirono la caduta di Mussolini, secondo un procedimento non dissimile, come racconta Toni Judt, a quanto avviene alche in altri paesi europei.

Sono questi alcuni dei miti fondativi della "repubblica nata dalla Resistenza", per usare una formula entrata nel lessico politico del primo dopoguerra e utilizzata fino a qualche decennio fa con il preciso intendimento di enfatizzare il legame indissolubile tra l'antifascismo, la guerra di Liberazione e la Costituzione repubblicana.

2. *La guerra della memoria*

Così invece e non è stato. Questa costatazione che fino a pochi anni or sono suonava come un'eresia, oggi non lo è più. L'antifascismo è oggi in crisi e la storia racchiusa nei tornanti decisivi sopra citati è da tempo una storia che divide gli italiani. Il cosiddetto «paradigma antifascista»,[1] coniato dal giurista Antonio Baldassare nel 1986,[2] viene oramai considerato da una larga parte degli italiani superato, una zavorra di cui liberarci, «un'ideologia di Stato» come la bollò lo storico Renzo De Felice.[3]

---

1. G. De Luna, M. Revelli, *Fascismo e antifascismo. Le idee, le identità*, Firenze, La Nuova Italia, 1995.

2. A. Baldassare, *La costruzione del paradigma antifascista e la Costituzione repubblicana*, in «Problemi del socialismo», 7 (1986).

3. Intervista a R. De Felice, *Il fascismo e gli storici oggi*, in «Corriere della Sera», 8 gennaio 1988 (citata in De Luna, Revelli, *Fascismo e antifascismo*, p. 5, nota n. 9).

Si potrebbe dunque dire che mentre in Germania il passato che non passa è il nazismo, in Italia esso è rappresentato dall'antifascismo.[4]

Perché ciò è avvenuto? Quando il paradigma antifascista entrò in crisi? Quali sono state le conseguenze di questo processo? Come esso ha influito in una già debole identità nazionale?

Naturalmente è impossibile rispondere a pochi minuti a queste domande, ma per abbozzare una risposta serve, forse, cominciare a sgombrare il campo da alcuni false giustificazioni e da alcuni equivoci.

Certo, stiamo parlando di fatti lontani nel tempo. Spesso si sente dire: «Ma che senso ha parlare ancora di antifascismo se il fascismo non esiste più!» Ancora negli anni '70 un attento osservatore delle trasformazioni della società italiana come Pier Paolo Paolini aveva evidenziato il venir meno di ogni differenza antropologia dell'antifascista rispetto al fascista e sottolineato come lo stesso aggettivo "fascista" aveva perso qualsiasi valenza negativa.[5]

Si potrebbe completare quest'argomentazione specificando che non solo il fascismo non esiste più, ma che gli eredi politici di quell'esperienza, a lungo emarginati dalla vita politica italiana, sono stati nel 1993 "sdoganati" e sono a tutti gli effetti tornati ad occupare rilevanti posizioni di governo ai massimi livelli della vita pubblica.

Il secondo alibi che spesso viene invocato rimanda invece alla svolta del 1989. Il ragionamento in questo caso segue questo schema: essendo stato il comunismo una com-

---

4. M. Isnenghi, *La polemica sull'8 settembre e le origini della Repubblica*, in *Fascismo e antifascismo. Rimozioni, revisioni, negazioni*, a cura di E. Collotti, Roma-Bari, Laterza, 2000, p. 270.

5. P.P. Pasolini, *Studio sulla rivoluzione antropologica in Italia*, in Id., *Saggi sulla politica e sulla società*, a cura di W. Siti, S. De Laude, Milano, Mondadori, 1999, pp. 307-312.

ponente importante dell'antifascismo, la morte del primo ha trascinato nella tomba anche il secondo.[6]

Naturalmente entrambe queste spiegazioni non sono esaustive. Quello che è certo è che la crisi dell'antifascismo è stata in qualche modo accelerata da una vulgata storiografica "revisionista"[7] che a partire dagli anni '80 ha avuto buon gioco a decostruire un'immagine troppo edulcorata e retorica della Resistenza, a sminuirne il valore e lo stesso apporto sul piano militare e a rilanciare le responsabilità in una serie di omicidi e stragi commesse dagli uomini della resistenza prima e dopo il 25 aprile 1945.

Il risultato prodotto è stato che l'Italia non è riuscita a costruire una memoria collettiva basata – come suggeriva il sociologo francese Maurice Halbwachs in un opera uscita postuma, dopo la sua morte avvenuta nel 1945 nel lager di Buchenwald – su una ricostruzione (condivisa) del passato in funzione del presente.[8]

Congelato negli anni della guerra fredda, lo scontro sull'interpretazione del passato emerse già a partire dagli anni '60, divenne particolarmente cruento negli anni '80 ed è definitivamente deflagrato con la crisi della Prima Repubblica (1992-94). Questo scontro ha alimentato una goffa e artificiale ricerca di una memoria condivisa (che è diversa dalla memoria collettiva prima evocata) degli italiani:[9] una ricerca impossibile da realizzare nel caso italiano per il solo

6. S. Luzzatto, *La crisi dell'antifascismo*, Torino, Einaudi, 2004, pp. 7-8.

7. Cfr. G. Santomassimo, *Il ruolo di Renzo De Felice*, in *Fascismo e antifascismo*, pp. 415-429.

8. Ci riferiamo a M. Halbwachs, *Le mémoire collective*, Paris, 1968 (prima edizione 1950). Per la traduzione italiana si veda *La memoria collettiva*, a cura di P. Jedlowski, Milano, Unicopli, 1987.

9. Sul rischio di una «smemoratezza patteggiata» vedi B. Spinelli, *Il sonno della memoria. L'Europa dei totalitarismi*, Milano, Mondadori, 2001.

fatto che per arrivare ad una memoria condivisa bisognava cancellare la storia.[10]

Ne è nato un devastante conflitto sul passato che ha prodotto una contesa sulle date del calendario civile, compresa la proposta di abolire la celebrazione del 25 aprile, Festa della Liberazione, la discussione sui libri di testo di storia, sulla toponomastica delle strade, sui monumenti ai caduti: una guerra della memoria che ha pochi eguali nella storia europea.[11]

3. Morte e rinascita dell'Italia

Ora, a differenza del dibattito pubblico italiano che si è progressivamente avviato attorno ad infinite polemiche, quello scientifico ha prodotto negli ultimi vent'anni una serie di ricerche che hanno aperto nuove prospettive di studio entro questa intricata vicenda della transizione dal fascismo alla democrazia.

Queste ricerche prendono le mosse da una riconsiderazione del trauma rappresentato per la società italiana dall'armistizio dell'8 settembre. Un trauma, che produsse il collasso delle istituzioni, la disonorevole fuga del Re dalla capitale, il dissolvimento dell'esercito e lo sbandamento di centinaia di migliaia di militari, un colossale "rompete le righe" che coinvolse interi apparati dello stato e le stesse

10. Cfr. Luzzatto, *La crisi dell'antifascismo*, p. 23. S. Pivato, *Vuoti di memoria. Usi e abusi della storia nella vita pubblica italiana*, Roma-Bari, Laterza, 2007, pp. 47-48. E. Traverso, *Il passato: istruzioni per l'uso. Storia, memoria, politica*, Verona, Ombre Corte, 2006.

11. Vedi, F. Focardi, *La guerra della memoria. La Resistenza nel dibattito politico italiano dal 1945 a oggi*, Roma-Bari, Laterza, 2005. Per un quadro comparativo tra i diversi casi europei si rimanda a N. Gallerano, *Memoria pubblica del fascismo e dell'antifascismo*, in AA.VV, *Politiche della memoria*, Roma, Manifesto libri, 1993, pp. 7-20.

classi dirigenti di un intero paese che si squagliano come neve al sole.[12]

Cupio dissolvi, finis Italiae, l'Italia finisce, morte della patria, *de profundis*, sono alcune delle espressioni che risuonano in quei drammatici giorni. L'Italia precipita nel caos più totale: in pochi giorni l'alleato tedesco diventa il nemico e il nemico anglo-americano diventa il nuovo alleato.

Assistiamo ad un precipitoso rimescolamento dei ruoli e delle posizioni che riguarda tutto e tutti. Non solo le istituzioni ma anche i singoli, travolti da questa catastrofe: «ciascuno è contemporaneamente patriota e traditore, volontario e disertore, liberatore e occupante» è stato scritto da Mario Isenghi.[13]

Quel passaggio così traumatico induce a repentini cambi di casacca, ri-posizionamenti, tradimenti, difficili scelte di campo, per le quali molti degli italiani non erano preparati.

Credo sia difficile far capire a un pubblico non italiano la complessità di quella situazione e i drammi umani e politici che in essa si consumano. Ci affidiamo pertanto ad una delle più belle pagine di Italo Calvino, quando l'autore de *Il sentiero dei nidi di ragno*, mette in bocca ad uno dei protagonisti del libro, il partigiano Kim, le seguenti parole per descrivere quel clima: «basta un nulla, un passo falso, un impennamento dell'anima, e ci si trova dall'altra parte».[14]

Cosa ci dice d'illuminante questa frase? Ci dice che nella bufera di quelle settimane e di quei mesi, le scelte individuali non sempre avvengono sulla base di precise opzioni ideologiche. Spesso entrano in gioco variabili imponderabili

12. E. Aga Rossi, *Una nazione allo sbando. L'armistizio italiano del settembre 1943 e le sue conseguenze*, Bologna, Il Mulino, 2003.

13. M. Isenghi, *La polemica sull'8 settembre e le origini della Repubblica*, in *Fascismo e antifascismo*, p. 246.

14. Vedi I. Calvino, *Il sentiero dei nidi di ragno*, Torino, Einaudi, 1964, p. 146.

che decidono il destino di una persona, variabili che nulla hanno a che fare con categorie ideologiche troppo rigide. Le stesse, per capirci, che fino a circa un ventennio or sono hanno alimentato una ricostruzione di questo periodo della storia italiana tutto teso a proporre un'immagine retorica della Resistenza.

È vero quindi quello che il poeta americano Walt Whitman scrisse riferendosi ad un'altra guerra civile, ovvero che «la vera guerra non sarà mai nei libri». La frase è quanto mai azzeccata se rapportata alla situazione che si determinò sul territorio italiano tra il 1943 e il 1945.

Negli italiani che si affrontano in uno scontro senza esclusione di colpi, crudele, segnato da ambo le parti in causa da atrocità e violenze di ogni tipo sia sui combattenti che sui civili e dalla persecuzione messa in atto dai nazisti e dai loro alleati fascisti nei confronti degli ebrei italiani, si annidano impulsi e intenzioni che gli storici non sono ancora riusciti a decifrare e interpretare e – bisogna ammetterlo – forse mai vi riusciranno.[15]

Coincidenza vuole che proprio oggi 16 ottobre ricorra il 70° anniversario del rastrellamento del Ghetto di Roma, avvenimento che viene ricordato in Italia da varie iniziative di studio. Alle 5 del mattino di quella tragica giornata di 70 anni or sono, le SS tedesche rastrellarono il ghetto catturando 1024 adulti e 200 bambini. Due giorni dopo il rastrellamento, 18 vagoni piombati partirono dalla stazione di Roma diretti al campo di Auschwitz. Solo 15 di loro tornarono a casa dalla Polonia.

Ora, il ricordo di quell'episodio e più in generale il richiamo al tema della violenza richiederebbe un approfondimento che ci porterebbe via troppo tempo. Mi limito tuttavia a segnalare che un libro come quello di Arno Mayer

---

15. Cfr. il giudizio di P.G. Zunino, *La Repubblica e il suo passato*, Bologna, Il Mulino, 2003, p. 217.

(*The Furies. Violence and Terror in the French and Russian Revolutions*[16]), ci autorizza oggi a guardare alla violenza come
levatrice di progresso e ad affermare – superando certe inter-
pretazioni *bipartisan* della guerra civile – che il valore della
Resistenza consistette anche nella scelta di usare le armi per
combattere il fascismo e i suoi alleati e riportare la Democrazia nel nostro paese.

4. Una guerra civile

Ma cosa successe in quei lunghi venti mesi? Di fatto
una parte degli italiani decise di seguire Mussolini nella sua
ultima e disperata avventura della Repubblica Sociale Italiana, pochi decisero di combattere il nazi-fascismo impugnan-
do le armi o collaborando in vario modo con le formazioni
partigiane, la maggioranza decise di non decidere.

Sono quest'ultimi uomini e donne che vanno ad ingrossare le fila della cosiddetta "zona grigia": l'espressione
coniata da Primo Levi nel suo *I sommersi e i salvati*[17] per
descrivere la zona esistente all'interno del lager che si si-
tua tra quelli che lo scrittore definiva i «padroni» e i «ser-
vi». Tale categoria venne successivamente utilizzata dagli
studiosi della resistenza per indicare una vasta area in cui,
dopo l'8 settembre 1943, si collocano quanti, tra la popolazione civile, ma anche tra gli intellettuali, giornalisti,
politici, in molti casi protagonisti di mirabolanti giravolte
e doppiogiochismi,[18] scelgono il volontario disimpegno da
qualsiasi forma di partecipazione attiva alla guerra, e at-

16. Il volume venne pubblicato da Princeton University Press
nel 2000.

17. Torino, Einaudi, 1986.

18. R. Liucci, *Spettatori di un naufragio. Gli intellettuali italiani
nella seconda guerra mondiale*, Torino, Einaudi, 2011.

tendono passivamente l'evolversi della situazione avendo come unico obiettivo – e speranza – del conflitto.[19]

Dentro quest'area grigia – ma sarebbe più corretto parlare di una pluralità di aree grigie – si sedimentò un deposito di materiali composto da una memorialistica che è stata a lungo rimossa e dimenticata. Per molto tempo fu solo l'immaginario cinematografico a rievocare le atmosfere e il clima dell'Italia del dopo armistizio, utilizzando il genere della commedia per raccontare la tragedia. Mi riferisco non tanto a *Tutti a casa* di Luigi Comencini (1960) quanto piuttosto a *Il generale della Rovere* di Roberto Rossellini del 1959, «vera pietra miliare dell'immaginario cinematografico dell'8 settembre».[20]

Quella memorialistica emersa nel dopoguerra non faceva altro che confermare che tra il '43 e il '45 si scontrarono due (o più) idee di patria e di nazione (una nazional-fascista e una democratica) e che la lotta di liberazione aveva assunto il carattere di una guerra civile tra italiani. L'utilizzo di questa categoria – già da tempo entrata nel lessico storiografico europeo[21] – si è rivelata l'unica in grado di tenere compiutamente conto della complessità della fase '43-'45 consentendo un superamento della vecchia e mitizzata immagine della Resistenza.

Non possiamo qui nemmeno tentare di tracciare un bilancio dell'ultimo ventennio della produzione storiografica italiana dedicata a questo specifico settore di studi. Dobbiamo, però, fare un cenno al libro di Claudio Pavone, *Una*

---

19. Su questo aspetto cfr. C. Pavone, *La resistenza oggi: problema storiografico e problema civile*, in «Rivista di storia contemporanea», 2-3 (1992), pp. 456-480; in particolare il brano citato a p. 476 e riportato in R. Liucci, *La tentazione della casa in collina. Il disimpegno degli intellettuali nella guerra civile italiana (1943-1945)*, Milano, Unicopli, 1999, p. 17.

20. Isnenghi, *La polemica sull'8 settembre*, p. 255.

21. Vedi E. Traverso, *A ferro e a fuoco. La guerra civile europea 1914-1945*, Bologna, Il Mulino, 2007.

guerra civile. Saggio sulla moralità della resistenza pubblicato
nel 1991, libro che alla sua uscita aprì un ampio dibattito e
fu accompagnato anche da molte critiche.

Il volume, da poco tradotto in inglese,[22] ruota attorno
all'ipotesi centrale che tra il '43 e il '45 si siano combattute
tre guerre: una guerra "patriottica", combattuta contro l'in-
vasore tedesco, una guerra di "classe", nel senso attribuito
dalla componente comunista della resistenza italiana alla
lotta contro il nazifascismo, considerata anche lotta del pro-
letariato contro le forze capitalistiche, e infine una guerra
"civile", quella combattuta dai partigiani contro i fascisti,
ossia un guerra tra italiani.

Pavone, utilizzando un'ampia serie di fonti e di docu-
menti entra in quella vasta area grigia che si estende tra i
resistenti politicamente e militarmente attivi e i fascisti militanti. Navigando entro questa terra di nessuno, egli esa-
mina e in parte rivaluta altre esperienze di resistenza: parla,
ad esempio, della "resistenza passiva" (altrimenti definita da
altri autori «resistenza senz'armi»[23]), affronta la complessa
questione delle varie forme di "collaborazionismo", si spinge
a studiare i comportanti di quanti oscillarono tra un polo e
l'altro delle parti in campo.

Insomma, ne esce un grande affresco che tiene assieme
più mondi tra di loro contrapposti che ci parla dei vinci-
tori e dei vinti, dando per la prima volta voce a quell'Italia
sommersa che tanta parte ha avuto nel secondo dopoguerra
nell'alimentare la critica al mito della resistenza e nel soste-
nere la nascita di una cultura anti-antifascista.

Questo libro ha avuto sicuramente il merito di aprire
nuove prospettive di studio che francamente sembrano non
essere state ancora del tutto adeguatamente sfruttate dagli

22. C. Pavone, *A civil war: a history of the Italian resistence*, with
an introduction by Stanislao G. Pugliese, London, Verso, 2013.

23. S. Peli, *La resistenza in Italia. Storia e critica*, Torino, Einaudi,
2004, p. 205.

storici italiani e europei. Cito qui, per concludere, due casi di studio, uno positivo e uno negativo.

Il primo è quello dei prigionieri italiani della seconda guerra mondiale che furono tre volte tanti che nella prima, distribuiti in tutti i continenti, per molti di quali dopo l'8 settembre 1943 si pose il problema di accettare o meno la collaborazione con le autorità militari da cui erano stati catturati come avvenne, con modalità drammatiche, per i circa 600.000 militari italiani portati in Germania e posti di fronte all'alternativa di scegliere con chi continuare a combattere. Su questo terreno la storiografia italiana ha ben lavorato in questi ultimi anni.

Il secondo rimanda, invece, a quei luoghi, le carceri, il confino, l'esilio in vari paesi europei, ed extra-europei ove si forma la migliore Italia del dopoguerra. Settore di studio questo in cui la nostra storiografia sconta pesanti ritardi.

Si tratta di "mondi" ove agiscono uomini come Gaetano Salvemini che partecipano in vario modo alla lotta antifascista, guardano con grandi speranze a quanto avviene dopo la caduta del fascismo e con la guerra di Liberazione.

Salvemini pubblicò proprio nel 1943 assieme all'altro grande antifascista italiano presente ad Harvad, George La Piana, il volume *What to do with Italy* che è un libro illuminante perché non solo è già tutto proiettato sul futuro dell'Italia, sui grandi problemi della ricostruzione, ma perché contiene alcune intuizioni preziose. Salvemini e La Piana, infatti, ci dicono: attenzione perché la ventata di rinnovamento portata dalla Resistenza è destinata a scontrarsi con una serie di vincoli interni (gli autori si riferiscono in particolare al ruolo della Chiesa cattolica) ed internazionali, di tradizioni, di culture politiche, di poteri, che avrebbero reso difficile la transizione alla libertà e reso incompiuta la democrazia italiana.

Un monito preciso per gli storici. Parafrasando una battuta di Totò, una delle grandi maschere della commedia italiana, potremmo dire che la storia italiana non si può scrivere "a prescindere" da una prospettiva che deve tenere conto di processi di lungo periodo che hanno plasmato a fondo l'identità italiana.

È anche questa una piccola lezione che ci regala Gaetano Salvemini.

Massimo L. Salvadori

Italia 1943-1948:
dalla catastrofe alla ricostruzione

Luglio 1943: il crollo della dittatura fascista che, presa forma nel 1925-26 – quando Mussolini, disfatte tutte le opposizioni, aveva trasformato il governo in un potere poggiante sulla sua persona e sul partito unico – durò fino al momento in cui le sempre più gravi sconfitte militari subite dall'Italia nella seconda guerra mondiale non crearono le condizioni di una crisi organica, non più controllabile, del regime. Aprile 1948: la clamorosa vittoria elettorale della Democrazia cristiana, la quale – chiuso definitivamente il periodo del dopoguerra che sino al maggio del 1947 aveva trovato la sua espressione nei governi di coalizione antifascista – inaugurò l'epoca destinata a durare fino al crollo della Prima repubblica nel 1992-93. Questi il punto di partenza e il punto di arrivo di una breve riflessione sui quasi cinque anni della storia d'Italia che in una prima fase videro l'occupazione del paese da parte di opposti eserciti stranieri, il crollo dello Stato unitario diviso in due Stati nemici, la guerra civile tra i neofascisti riorganizzati dai tedeschi e le forze partigiane unite nella Resistenza; e in una seconda fase la ricostruzione del paese.

Il crollo del regime fascista tra il 24 e il 25 luglio 1943 fu il frutto di due «congiure», maturate l'una all'interno dell'élite dirigente fascista e l'altra della monarchia e infine intrecciatesi. Ad attivarle fu l'invasione della Sicilia da parte delle forze anglo-americane, la quale in rapida successione indusse la maggioranza del Gran Consiglio del fascismo a sfiduciare Mussolini e il re Vittorio Emanuele III a farlo arrestare. Il cedimento militare in Sicilia, avvenuto quasi senza resistenza, dopo che Mussolini aveva pomposamente garantito che gli invasori sarebbero stati falciati non appena avessero toccato il sacro suolo della patria, per un verso gettò nel panico Mussolini e i suoi gerarchi, il re Vittorio Emanuele III e il suo entourage, i capi militari; per l'altro generò il massimo allarme nei tedeschi, a cui l'Italia in guerra aveva dimostrato fin dagli inizi di essere un vaso di coccio e gli avvenimenti di Sicilia fornirono l'ennesima prova dell'estrema debolezza delle forze armate italiane. In questa situazione, nelle componenti fascista e monarchica della classe dirigente divennero insieme dominanti la paura per un futuro fattosi drammaticamente incerto e la volontà di cercare una via di salvezza ciascuna per sé. Era il collasso di un intero sistema di potere che andava costituendo la premessa del crollo dello Stato stesso.

I fascisti dissidenti e l'entourage monarchico convergevano su un punto: affidare al re la suprema responsabilità militare, sottratta allo screditato Mussolini; ma mancavano di intesa circa il futuro assetto del paese. Nella maggioranza – con l'eccezione significativa di Dino Grandi, l'artefice principale della congiura attuata all'interno del Gran Consiglio e una della maggiori personalità del regime – i fascisti dissidenti miravano alla continuità del regime, mentre il re si era ormai convinto che un simile obiettivo non fosse realistico, e perciò affidò al maresciallo Badoglio la guida di un governo formato da militari e alti burocrati. L'iniziativa del sovrano mise a nudo quanto debole fosse nel momento del pericolo la struttura della dittatura fascista che Mussolini aveva vagheggiato sotto la specie di un forte totalitarismo, quanto cioè il regime fosse dipeso per la sua solidità dall'alleanza in primo luogo con la monarchia che aveva mantenuto il controllo dell'esercito e in secondo luogo con il Vaticano e i vertici del potere economico: i quali tutti stavano abbandonando il dittatore che a lungo avevano pienamente sostenuto.

La caduta di Mussolini scatenò un'ondata di entusiasmo popolare con assalti alle sedi del partito fascista, plausi al re, abbattimento dei simboli del regime e del dittatore caduto. Fu sorprendente che neppure i fascisti si mossero a difesa del potere che aveva soggiogato l'Italia per vent'anni.

Il colpo di Stato fu quindi un'iniziativa completamente promossa dall'alto. Nessun ruolo vi ebbero né il popolo, che entrò in scena in maniera tumultuosa solo dopo l'arresto di Mussolini, né i partiti antifascisti che avevano assai deboli radici nel paese. I gruppi dirigenti di questi partiti avevano condotto una vita difficile in esilio, mentre i piccoli gruppi di antifascisti rimasti nella clandestinità in Italia – formati in primo luogo da comunisti e da membri di "Giustizia e Libertà" – erano stati oggetto di una sistematica ed assai efficiente opera di controllo e repressione, che li aveva ridotti all'isolamento e posti nell'incapacità di suscitare fino ai primi anni della seconda guerra mondiale significativi movimenti di opposizione. Il loro risveglio fu favorito sia dall'andamento sempre più sfavorevole per l'Italia del grande conflitto sia dalle sempre più dure condizioni di vita delle masse lavoratrici e infine soprattutto dal crollo del regime.

A spingere all'azione parte dei gerarchi fascisti e il re fu il timore che l'imminente disfatta militare dell'Italia potesse aprire scenari incontrollabili. I fascisti dissidenti che miravano a salvare il regime, sacrificando Mussolini, fallirono nel loro scopo; il re sacrificò il regime di cui era stato il maggiore sostegno spinto dalla dominante preoccupazione di salvare la monarchia. Nel contribuire a far cadere l'impalcatura fascista come un castello di carta furono insieme la stanchezza per la guerra perduta diffusasi in tutti gli strati della popolazione, a partire da quelli operai, come avevano mostrato gli scioperi scoppiati nel marzo 1943 in Piemonte e Lombardia; l'orientamento via via più largo tra i grandi industriali ad abbandonare il regime; il fatto che influenti capi politici e militari andavano ponendosi l'interrogativo di come far uscire il paese da una guerra per intraprendere la quale il paese fin dall'inizio non aveva le necessarie risorse e in cui Mussolini lo aveva gettato il 10 giugno del 1940 – dopo essere rimasto a guardare da quale delle parti in conflitto pendesse favorevolmente la bilancia – nell'illusione di una vittoria ormai a portata di mano grazie alle travolgenti vittorie tedesche culminate nella rapida e imprevista disfatta della Francia e nella disperata lotta della Gran Bretagna per la sopravvivenza.

Il regime fascista – sebbene una dittatura non consenta per sua natura di calcolarlo con precisione e non possa attribuirsi alcuna attendibilità alle votazioni plebiscitarie – aveva goduto fino all'ingresso in guerra di un largo consenso da parte degli industriali, dei proprietari terrieri, delle componenti maggioritarie dei ceti medi, della Chiesa cattolica, della monarchia, dei quadri alti della burocrazia e delle forze armate, con radici più difficilmente valutabili negli strati sociali inferiori, tra i quali in ogni caso numerosi furono i filofascisti. Come si è detto, l'opposizione – composta da alcuni elementi del ceto intellettuale, da piccoli gruppi di antifascisti attivi in cui spiccavano i quadri del Partito comunista e di Giustizia e Libertà da cui era sorto nel 1942 il Partito d'azione e da minoranze non quantificabili della classe operaia e bracciantile – aveva basi assai ristrette. La dura repressione aveva colpito soprattutto quei quadri e gli elementi popolari. Tra i 4.596 condannati dal Tribunale speciale per la difesa dello Stato negli anni della dittatura oltre il 70 per cento era stato costituito da operai, artigiani e contadini. Gli antifascisti mandati al confino erano stati circa 14 mila. I sorvegliati dalla polizia decine di migliaia. L'ingresso in guerra aveva incontrato una diffusa freddezza e generato un'ansia che le adunate oceaniche organizzate a Piazza Venezia a Roma non erano valse a coprire. Ma fu a cavallo tra il 1942 e il 1943 che il consenso al fascismo era andato sempre più erodendosi. L'andamento delle operazioni militari aveva cambiato nettamente di segno, come dimostrato dalle disastrose sconfitte subite dagli italo-tedeschi ad El-Alamein e dai tedeschi a Stalingrado. Comunque in Italia il regime era pur sempre riuscito a mantenere il controllo sul paese. Fu necessario attendere l'invasione della Sicilia perché la situazione precipitasse e prendesse piede la doppia iniziativa dei dissidenti fascisti contro Mussolini e della monarchia contro il regime.

L'azione volta ad abbattere Mussolini avrebbe dovuto essere accompagnata da un piano realistico per affrontare tre compiti di primaria importanza: prepararsi all'inevitabile reazione di Hitler; aprire una linea minimamente coerente di intesa con gli anglo-americani; predisporre le direttive per mantenere l'esercito in condizioni di una pur relativa efficienza. Ma prima di tutto occorreva decidere se si intendesse o no rompere l'alleanza con la Germania. Lo spettacolo offerto sia dai congiurati fascisti sia dal re e dai capi militari fu lo specchio di un disastro morale e politico. Essi navigarono tutti a vista e furono travolti dagli eventi. La storia delle trattative condotte da una parte con i tedeschi – ai quali il re e Badoglio avevano in un primo tempo assicurato che l'alleanza sarebbe stata rispettata e l'Italia avrebbe continuato la guerra al loro fianco – e dall'altra con gli angloamericani, cui non fu fatto capire quali intenzioni propriamente avesse la controparte italiana, fu il trionfo dell'incompetenza e della doppiezza che ebbe drammatici effetti prima e ancor più dopo l'annuncio finale dell'armistizio con le potenze alleate occidentali, dato l'8 settembre da queste ultime in anticipo di alcune ore rispetto al governo italiano per porre fine alle ambiguità dei loro interlocutori. Il frutto avvelenato del doppio gioco fu che da un lato venne lasciata completa via libera ai tedeschi di rafforzare le loro forze armate nella penisola e che dall'altro l'esercito italiano subito dopo l'armistizio subì una rapida e completa disgregazione. L'Italia era un paese al collasso, lasciato da una classe dirigente dimostratasi totalmente incapace e irresponsabile in uno stato di totale confusione.

Ebbe così inizio la crisi più tragica della storia dello Stato unitario, che cessò tout court di esistere. Subito dopo la fuga del re e di Badoglio, i quali, abbandonata Roma, diedero vita al cosiddetto Regno del Sud sotto la protezione delle forze alleate, Mussolini, liberato dai tedeschi, diede vita nel Nord ad un regime neofascista repubblicano, denominato Repubblica Sociale Italiana, posto sotto la stretta sorveglianza e tutela nazista. Vennero così creati due Stati nemici – in realtà ombre di Stati – che si accusavano reciprocamente di aver "tradito la patria". Intanto il popolo italiano era stato completamente abbandonato a se stesso al pari delle sue forze armate, che andarono incontro alla tragedia. Lasciate senza ordini, nella maggior parte si disgregarono in uno stato di caos. Solo piccole minoranze rivolsero con un disperato coraggio le armi contro gli ex alleati a Roma, in talune zone dei Balcani, e soprattutto nell'isola di Cefalonia, dove i soldati italiani vennero massacrati a migliaia. La gran massa dei soldati, lasciate divise e armi, prese a vagare alla ricerca di un momentaneo rifugio oppure prendendo la via di casa. Varie centinaia di migliaia vennero rastrellate dai tedeschi e deportate in Germania.

Era questa la seconda catastrofe della politica e della società italiana, dopo quella che tra il 1919 e il 1922 aveva portato al collasso dello Stato liberale in un quadro di violenze spesso sanguinose messe in atto dai fascisti in primo luogo, ma non solo, contro socialisti e comunisti e tra il 1922 e il 1925 al progressivo consolidamento della dittatura fascista. La catastrofe iniziata nel luglio 1943 e finita nell'aprile 1945 fu assai più tragica di quella precedente, più lacerante e molto più sanguinosa; ma la sua conclusione fu opposta in quanto, mentre la prima aveva distrutto gli ordinamenti liberali che si erano aperti ad una pur inziale e tormentata democrazia, la seconda portò alla definitiva caduta del fascismo che aveva cercato di rinascere con la formazione della Repubblica Sociale Italiana, alla ricostituzione dello Stato unitario e all'avvento di una democrazia più compiuta, sebbene tutt'altro che matura in quanto fondata su istituzioni non adeguatamente condivise.

Nel settembre 1943 si levarono dunque l'una contro l'altra due Italie: l'Italia neofascista e l'Italia della Resistenza. La prima era asservita ai nazisti. La seconda – le cui forze, unite nella lotta al nemico comune, erano però profondamente divise dalle discordanti prospettive con cui le loro varie correnti guardavano al dopoguerra – era legata al Regno del Sud, dove avevano ripreso ad operare i partiti antifascisti divenuti partecipi dei governi guidati prima dal maresciallo Badoglio e poi dall'ex socialista riformista Bonomi, e alle potenze alleate. Ma ecco il problema: che cosa rappresentavano queste due Italie? Naturalmente, nessuna delle due riconosceva l'altra, considerata frutto del tradimento e dell'asservimento agli stranieri delle opposte sponde e da cancellarsi dopo la vittoria finale. Per i partigiani la Repubblica Sociale era unicamente un regime fantoccio dei tedeschi. Per i neofascisti i partigiani erano dei banditi fuorilegge e il Regno del Sud il governo dei voltagabbana. Ebbe così inizio una guerra civile senza quartiere.

Le due Italie in contrasto si negavano quindi l'un l'altra. Eppure entrambe esistevano e avevano un loro consenso, ma completamente diverso per quantità e per le loro caratteristiche. La maggiore tragedia fu quella che colpì anzitutto i giovani delle sponde opposte. Tutti condividevano la profonda amarezza per la situazione lacerante in cui era piombato il paese. Gli uni accusavano sia i gerarchi fascisti che avevano tradito Mussolini, sia il re e Badoglio che, dopo aver dato il loro pieno appoggio al fascismo, avevano abbandonato la barca quando stava affondando; gli altri accusavano un'intera classe dirigente che prima aveva portato l'Italia in una guerra a cui non era preparata, aveva asservito l'Italia ai nazisti e infine l'aveva gettata nel caos con la propria viltà e inettitudine. La coscienza spaccata dei giovani fu lo specchio di quella dell'intero popolo italiano.

La guerra civile iniziata nel settembre 1943 durò fino all'aprile 1945. Diciotto lunghi mesi nel corso dei quali si combatterono reciprocamente le due Italie nemiche. Lo Stato neofascista restava in vita grazie alle baionette tedesche. Esso disponeva di un modesto esercito, di brigate nere costituite dai fascisti più fanaticamente fedeli a Mussolini e più impegnati nella spietata repressione delle formazioni partigiane. Nelle file dei neofascisti gli idealisti – appartenenti soprattutto alle file dei più giovani animati dal desiderio di riscattare a fianco dei camerati nazisti l'onore dei figli di Mussolini – convivevano con coscritti forzati a ubbidire alla leva, mercenari, avventurieri, torturatori, collaborazionisti e spie per danaro o per convinzione. Tutti costoro sperarono per un certo tempo in una ripresa militare tedesca principalmente affidata alle invincibili armi segrete che Hitler teneva in serbo e con le quali prometteva di rovesciare le sorti di una guerra che sempre più inesorabilmente andava profilandosi perduta; poi, quando quella speranza cadde, si moltiplicarono i cedimenti e le diserzioni, mentre crescevano nelle loro file un senso di disperazione e la certezza della prossima morte del proprio mondo. La fine di Mussolini, il capo che aveva inondato l'Italia con il motto «Se avanzo seguitemi, se indietreggio uccidetemi» e che nell'ora estrema della disfatta abbandonò i propri uomini, cercando, prima di essere ucciso dai partigiani, la sua salvezza personale travestito da soldato tedesco, fu l'episodio simbolo del crollo della Repubblica Sociale; che, seppure avversata dalla grande maggioranza della popolazione, aveva nondimeno ancora goduto di un non trascurabile consenso, come mostrato ad esempio dal fatto che nel novembre 1943 il Partito fascista repubblicano contava circa 250.000 iscritti e che nel dicembre 1944 circa 30.000 persone entusiaste si erano ancora raccolte a Milano per ascoltare l'ultimo discorso pubblico di Mussolini.

La Resistenza nelle regioni occupate dai tedeschi fu la lotta condotta dagli italiani decisi a rompere con il passato e a dare al paese un diverso futuro. Sarebbe divenuto un luogo comune corrente definire la Resistenza il secondo *Risorgimento*, dopo quello conclusosi nel 1861 con la nascita dello Stato unitario. Ad essa parteciparono in maggioranza giovani educati dal regime, molti dei quali partiti per la guerra ferventi fascisti, che prima la penosa condotta della guerra e poi la catastrofe del 1943 avevano condotto sull'altra sponda; persone più mature, che in passato avevano dato il loro consenso al fascismo oppure erano restate in uno stato di passività o ancora avevano nutrito sentimenti soffocati di ostilità al potere fascista; soldati sbandati e ufficiali del disciolto esercito che mantenevano la loro fedeltà al re rifugiatosi nel Sud; vi era poi la ristretta élite di coloro che erano stati oppositori aperti e perseguitati dal fascismo, tra i quali alcuni esponenti dei partiti prefascisti sopravvissuti in esilio e altri giovani militanti dei gruppi clandestini che avevano sfidato il regime pagandone il prezzo. Furono i membri di questa élite, a cui si aggiunsero alcuni esponenti provenienti dagli alti quadri militari, ad assumere la direzione politica e morale della Resistenza. Non mancò naturalmente anche la zavorra: i personaggi ambigui o decisamente negativi, vale a dire coloro che coprivano sotto il manto di resistenti atti di violenza privata, appropriazioni indebite e coloro che accorsero senza merito nella penultima o ultima ora a ingrossare le file del partigianato. Ricorrendo ad un'espressione che può apparire retorica ma non lo è, quella della Resistenza fu «l'Italia della speranza», che, passando attraverso una lotta estremamente dura e sanguinosa, dopo un periodo iniziale quanto mai difficile vide a mano a mano accrescersi la certezza della vittoria, mentre quella neofascista fu «l'Italia della disperazione», che mese dopo mese vide avvicinarsi l'inevitabile rovina.

Nelle zone del paese occupate dai tedeschi tra le parti opposte dei seguaci di Mussolini e dei loro padroni nazisti da un lato e dall'altro dei partigiani stava la maggioranza della popolazione: stanca, impaurita, la quale, con l'eccezione di piccoli gruppi di privilegiati, conduceva un'esistenza estremamente precaria, lottando per un pane assai scarso quando non in preda alla fame, subendo gli orrori fisici, materiali e spirituali della guerra tra gli eserciti e della guerra civile e con ciò condividendo la sorte degli altri paesi dominati dai tedeschi, seppure in condizioni non così tragiche come quelle conosciute in primo luogo dalle popolazioni polacca e sovietica. Questa gente a quale delle due parti dava il proprio consenso? È una questione, anche questa, tanto importante quanto difficile a cui rispondere. Dopo il 1945 la risposta prevalente data dagli storici intesi a celebrare la Resistenza, con toni anche decisamente acritici e retorici (per molti aspetti paragonabili a quelli con cui erano stati celebrati in sede ufficiale il Risorgimento e la Rivoluzione nazionale fascista) è stata che non esistette propriamente un'Italia neofascista, essendo la Repubblica Sociale unicamente una creatura artificiale creata dai nazisti, uno Stato fantoccio senza altro appoggio se non quello proveniente da una ristretta minoranza di fanatici e che la grandissima maggioranza della popolazione sosteneva con passione e determinazione i partigiani.

Questa visione è stata messa decisamente in discussione dalle tesi della corrente definita "revisionista", guidata dallo storico Renzo De Felice, noto autore di una monumentale biografia di Mussolini, il cui primo volume venne pubblicato nel 1965. De Felice in primo luogo negò che il Duce dopo il settembre 1943 si fosse ridotto ad essere un Quisling italiano e sostenne che al contrario era stato a modo suo un patriota il quale aveva cercato di impedire che nell'Italia da essi occupata i tedeschi stabilissero un regime paragonabile per violenza e brutalità a quello imposto alla Polonia; in secondo luogo, affermò che la tesi secondo cui la grande maggioranza della popolazione avesse appoggiato convintamente, seppure in vario grado, la Resistenza non aveva fondamento. De Felice parlò in proposito dell'esistenza tra i neofascisti e i partigiani di una prevalente, vasta, "zona grigia", costituita da indifferenti e apatici rimasti nell'attesa passiva dello svolgersi degli eventi. L'opinione di chi scrive è che, se la visione celebrativa della Resistenza è criticabile per una forma di eccesso, poiché senza dubbio vi fu una componente significativa della popolazione rimasta su una posizione attendista, per non dire indifferente alla lotta degli opposti schieramenti, quella "revisionistica" è criticabile per un eccesso assai maggiore. La risposta più persuasiva all'interrogativo non l'hanno data gli storici delle correnti opposte, ma lo scrittore Beppe Fenoglio, che era stato partigiano e in seguito nei suoi scritti narrativi raccontò con grande penetrazione umana, storica e politica, gli eventi, lo spirito dei combattenti delle due parti, il sentire della popolazione. Fenoglio mise bene in luce l'atteggiamento specie dei contadini delle pianure e delle montagne, per lo più poveri o poverissimi. I quali, terribilmente stanchi della guerra e di chiunque la facesse, presi tra i due fuochi delle confische delle poche risorse alimentari da parte dei partigiani e delle rappresaglie – arresti, uccisioni e incendi di abitazioni – di repubblichini e tedeschi, con i loro miseri mezzi sostennero nondimeno, spesso bestemmiando, i partigiani in cui riconoscevano i loro figli e fratelli. In effetti, se la maggioranza della popolazione, e non solo della campagne ma anche delle zone urbane, non avesse sostenuto le formazioni partigiane – inizialmente poche migliaia di uomini giunti nell'ottobre 1944 secondo le fonti fasciste a circa 110.000, un numero di per sé imponente ed eloquente data la ferocia della repressione – queste non avrebbero potuto sopravvivere; eppure lo fecero. La Resistenza godette poi di un largo appoggio tra gli operai dell'industria, che, dopo gli scioperi imponenti nel marzo 1943 (unico caso nei paesi occupati dalle potenze dell'Asse), rinnovarono gli scioperi nell'Italia occupata dai tedeschi nel novembre-dicembre 1943 e nel marzo 1944, sfidando l'inevitabile reazione.

Mentre nel Centro-nord combattevano i partigiani – i loro caduti si aggirarono intorno ai 30.000 e le vittime civili della repressione nazifascista intorno alle 10.000 – nel Regno del Sud i ricostituiti partiti antifascisti si erano riorganizzati ed erano entrati a far parte dei governi di coalizione guidati prima da Badoglio e poi da Bonomi. Motivo di grave preoccupazione per gli angloamericani, per i gruppi intorno alla monarchia e per i partiti conservatori e moderati era il fatto che le bande partigiane più forti fossero legate al Partito comunista, seguite da quelle del Partito d'azione – un partito composito, formato da socialisti e borghesi progressisti, che invocava nel dopoguerra una "rivoluzione democratica". Il governo del Sud e le correnti della Resistenza nel Nord erano uniti nella lotta contro i tedeschi e i fascisti, ma – come già ricordato – forti erano al loro interno le divisioni per quanto riguardava le prospettive della ricostruzione dopo la fine della guerra e i riferimenti internazionali. Condivisa era l'idea che occorresse instaurare uno Stato democratico, ma assai distanti erano le concezioni della democrazia. Comunisti e socialisti volevano instaurare la repubblica, cambiare alla radice le basi del vecchio Stato e spodestare i ceti che avevano appoggiato il fascismo tra cui i grandi capitalisti, preparando le condizioni per l'instaurazione, quando la situazione si fosse presentata favorevole, di una società socialista fondata sulla collettivizzazione dei mezzi di produzione; i seguaci del Partito d'azione condividevano l'obiettivo di abbattere le forze che avevano costituito il puntello del fascismo, ma con la ferma volontà non solo di restaurare e preservare le libertà politiche e civili proprie della democrazia liberale repubblicana, ma di seguire le vie di un riformismo in grado di combinare la proprietà pubblica e quella privata (una visione quindi lontana dal modello sovietico idoleggiato dai comunisti come meta finale); al centro stavano coloro che, come i democristiani, oscillavano tra monarchia e repubblica e, pur persuasi della necessità di riforme politiche e sociali, respingevano il radicalismo della sinistra tanto socialcomunista quanto azionista; a destra si collocavano coloro, come i liberali – di cui erano i maggiori esponenti e le guide intellettuali Benedetto Croce e Luigi Einaudi – e gli ambienti militari legati al re, che miravano a conservare la monarchia e intendevano lo Stato postfascista in sostanza nei termini di un ritorno allo Stato liberale prefascista.

La liberazione nell'aprile 1945 mise il paese di fronte ai dilemmi legati ai differenti modi possibili di procedere alla ricostruzione politica ed economica. Il paese era uscito dalla guerra con pesanti perdite umane e materiali, ma assai minori rispetto a quelle subite dai paesi europei maggiormente colpiti. I morti tra militari, partigiani e civili erano stati circa 400.000; i trasporti terrestri e marittimi avevano subito danni assai rilevanti, numerose erano state le abitazioni distrutte, ma la capacità produttiva del settore agricolo e zootecnico ammontava ancora a circa il 63 per cento rispetto al 1938 e quella industriale a oltre il 70. Punti di grave debolezza erano l'estrema scarsità di capitali di investimento e l'invecchiamento degli apparati tecnologici. Eppure, passando attraverso momenti difficili, tra il 1945 e il 1948 furono poste le basi della ripresa economica, in cui un ruolo di grande importanza ebbero gli aiuti americani.

Vorrei infine soffermarmi sulla ricostruzione politica e istituzionale. Tre furono gli eventi che soprattutto la segnarono. Il primo fu la vittoria dei repubblicani nel referendum istituzionale del 2 giugno 1946 chiamato a decidere se l'Italia dovesse o no rimanere una monarchia; il secondo fu l'approvazione della Costituzione, entrata in vigore nel gennaio 1948; il terzo la straordinaria vittoria della Democrazia cristiana nelle elezioni dell'aprile di quello stesso anno, le quali da una lato affidarono alle forze moderate la guida del paese, dall'altro però, nel quadro della sconfitta del Fronte popolare, posero i socialisti di Nenni in una posizione di minoranza e di netta subalternità ai comunisti di Togliatti, alla quale si sarebbero definitivamente sottratti solo nel 1956, l'anno della tragedia ungherese.

Tra il 1945 e il 1948 fu dunque ricostituito lo Stato unitario: ad esso vennero date nuove istituzioni e furono poste le basi di uno sviluppo economico che, con una forte accelerazione nel decennio successivo, avrebbe trasformato l'Italia in una delle maggiori potenze industriali. Ma a questi risultati positivi si affiancavano aspetti che indicavano che le modalità del rinnovamento avevano limiti assai gravi e delineavano condizioni tutt'altro che favorevoli ad uno sviluppo equilibrato sia politico sia economico e sociale. In primo luogo, la repubblica aveva vinto con un margine abbastanza modesto: 12.718.641 voti contro 10.718.502 mettendo in luce la spaccatura del paese tra un Nord dove si era combattuta la Resistenza e che si espresse con il 66,2 per cento a favore della repubblica, e un Sud dove prevalse con il 63,8 per cento la preferenza per la monarchia: dati questi che furono oggetto di contestazioni, con accuse di brogli, da parte dei monarchici. Ma si ebbe una seconda spaccatura: quella politica che contrappose frontalmente il Partito comunista – diventato un partito di massa anche grazie al ruolo primario giocato nella Resistenza – e insieme con esso per vari anni il Partito socialista allo schieramento moderato guidato dalla Democrazia cristiana e alle forze della destra monarchica e della rinata destra neofascista, riorganizzatasi in partito nel dicembre 1946. Alla spaccatura politica si affiancò nel 1950 la divisione dei sindacati in quattro organizzazioni in concorrenza reciproca, di cui la maggiore strettamente legata ai comunisti e ai socialisti, le altre tre rispettivamente al mondo cattolico, a settori di indirizzo socialdemocratico e alla destra. In terzo luogo, gli apparati dello Stato, il tipo della sua organizzazione, la burocrazia e la magistratura non conobbero che un limitato rinnovamento. In quarto luogo, le modalità della ricostruzione economica fecero sì che venisse riproposto il tradizionale e profondo divario tra Nord e Sud: il primo in corsa verso un rilevante processo di modernizzazione economica e sociale che avrebbe preso il suo slancio a partire dagli ultimi anni '40 e si sarebbe protratta nel decennio successivo e il secondo destinato a rimanere assai arretrato nonostante le rilevanti politiche di sostegno messe in atto dal governo nel campo dell'agricoltura, dei servizi e dell'industria, le quali – segnate da gravi inadeguatezze per quanto riguardava i mezzi messi in campo e le specifiche finalità – non valsero a ottenere i risultati sperati. In particolare la riforma agraria mirante a costituire una robusta media e piccola proprietà contadina risultò un sostanziale insuccesso. Sicché la persistente arretratezza del Mezzogiorno generò un imponente movimento di emigrazione diretto verso i paesi d'oltralpe e il Nord Italia che, per ampiezza, ricordava quello del periodo giolittiano.

Il 2 giugno 1946, lo stesso giorno del referendum istituzionale, si svolsero le elezioni per l'Assemblea costituente avente il compito di dare al paese le sue nuove istituzioni. Esse ebbero un'importanza cruciale nel definire i rapporti di forza tra i partiti, rimasti prima di allora indefiniti. Dai risultati emerse che le masse appoggiavano in maniera di gran lunga prevalente i partiti prefascisti: la Democrazia cristiana, diretta erede del Partito popolare, ottenne il 35,2 per cento, seguita dal Partito socialista col 20,7 e dal Partito comunista col 18,9, mentre il Partito d'azione raccolse soltanto l'1,5. Il significato di questi dati fu che, sebbene fossero risultati il partito singolarmente maggiore, i democristiani venivano superati dai socialcomunisti, che all'interno di questi i socialisti superavano (fu l'ultima volta) i comunisti e che gli azionisti, nonostante il ruolo primario giocato nell'antifascismo e nella lotta di liberazione, erano ridotti a una minoranza trascurabile: preludio della loro dissoluzione. Tali dati contribuirono a rafforzare la speranza nella sinistra di poter diventare in un prossimo futuro la maggioranza.

Le lotte politiche e sociali tra il 1945 e il 1948 furono molto acute. La grande questione aperta era se alla guida del paese si sarebbe posta la sinistra filosovietica oppure il centro moderato filo-occidentale di cui il leader era Alcide De Gasperi. Il nodo fu parzialmente sciolto prima nel maggio 1947, quando De Gasperi sotto pressione degli americani, pose fine ai governi di coalizione – eredità della Resistenza – cui avevano partecipato i partiti antifascisti, poi – e questa volta definitivamente – dalla vittoria elettorale nell'aprile 1948 della Democrazia cristiana, sostenuta in maniera quanto mai accesa e capillare dalla Chiesa e dalle sue organizzazioni fiancheggiatrici come l'Azione cattolica. L'Italia si trovava ormai completamente investita dalla "guerra fredda" scoppiata a livello internazionale, con la netta contrapposizione tra il mondo capitalistico guidato dagli Stati Uniti e il mondo comunista guidato dall'Unione Sovietica che aveva posto sotto il proprio dominio l'Europa orientale. Quella vittoria indicò che il paese si avviava verso un cammino segnato dal pieno inserimento nel mondo liberaldemocratico e capitalistico, ma al tempo stesso dalla presenza di una sinistra , che, pur sconfitta nella sua strategia, restava forte elettoralmente, godeva del consenso maggioritario della classe operaia e di una parte significativa anche del mondo contadino e dell'appoggio diretto o indiretto di una componente significativa e influente del ceto intellettuale.

La Liberazione aveva dunque fatto sì che in Italia, dopo la frattura tra il 1943 e il 1945, si ricostituisse lo Stato unitario dal punto di vista istituzionale; ciò nonostante il sentimento di unità nazionale rimase estremamente debole, per aspetti di grande importanza persino inesistente. Nel 1943-45 le forze della Resistenza avevano celebrato, al di là di tutte le divergenze, la loro unità nella lotta contro i nazi-fascisti, ma dopo la Liberazione le divergenze tra le sponde opposte dominarono la scena, seppure (e questo fu di grande importanza) non al punto da provocare irrimediabili lacerazioni. Da una parte i repubblicani, dall'altra i monarchici; da una parte le forze vittoriose della Resistenza, dall'altra la non trascurabile minoranza dei vinti fascisti e dei loro simpatizzanti, che si sentivano estraniati dall'Italia politica e istituzionale che andava sorgendo dalla loro sconfitta. Fin dal giorno dopo la Liberazione, i comunisti e i socialisti nella maggioranza accesamente filosovietici si contrapposero ai partiti del Centro moderato capeggiato dai democristiani filoamericani e naturalmente alle forze della destra monarchica e neofascista (questi due ultimi schieramenti a loro volta in contrasto reciproco). Si riproposero così nell'Italia democratico-repubblicana in forma nuova le gravi divisioni interne che avevano caratterizzato l'Italia liberale prima e poi quella fascista.

Come si è detto, in campo internazionale la sinistra socialcomunista si schierò compattamente a fianco dell'Unione Sovietica, che ai suoi occhi, dopo aver offerto nella seconda guerra mondiale la prova definitiva del successo storico conseguito da Stalin nell'opera di costruzione del socialismo, si era ora posta alla guida della trasformazione anticapitalistica di zone sempre più vaste del mondo. La massa dei militanti e dei lavoratori comunisti e socialisti rimaneva del tutto sorda alla martellante denuncia che i partiti anticomunisti in Italia facevano dei crimini di Stalin, della spaventosa durezza della dittatura da lui costruita, dei campi di detenzione, della miseria in cui versavano operai e contadini sovietici. A screditare questa denuncia contribuiva in misura determinante il fatto che essa riprendeva la propaganda su cui in passato aveva battuto e ribattuto il regime fascista e sulla quale nel presente battevano e ribattevano gli imperialisti e capitalisti americani di cui gli anticomunisti italiani facevano i corifei. Per quei militanti, che credevano alla propaganda messa abilmente in atto dai leaders e dai quadri dei partiti comunista e socialista, l'Unione Sovietica incarnava la "patria dei lavoratori" nella quale erano state realizzate l'eguaglianza e la giustizia sociale. Tutto ciò fece sì che gli Stati Uniti – nonostante, per conseguire i propri fini strategici, fornissero ai paesi europei occidentali e quindi anche all'Italia enormi risorse (beni alimentari, vestiario, capitali, ecc.) senza le quali il paese non avrebbe certo potuto avviarsi sulla strada di una ripresa economica di vaste dimensioni – non guadagnassero la simpatia delle masse comuniste e socialiste, anche perché gli aiuti americani erano fatti giocare dai loro avversari interni contro di esse. L'unico capitalismo che i lavoratori di sinistra conoscevano in Italia era quello debole dell'Italia liberale e quello di un'Italia fascista nella quale i padroni dell'industria e della terra avevano stretto il loro connubio con la dittatura.

Bisogna tuttavia sottolineare che questa contrapposizione di valori e di schieramenti all'interno e in campo internazionale non impedì ai gruppi dirigenti in particolare del Partito comunista e del Partito socialista stretti in un patto di unità d'azione da un lato e dall'altro della Democrazia Cristiana di trovare accordi di grande importanza, che permisero all'Italia dopo il 1945 di gettare in comune le basi del nuovo Stato. Il che fu reso possibile grazie alla presenza alla guida dei tre partiti di leaders di grande statura come il democristiano De Gasperi, il comunista Palmiro Togliatti e il socialista Pietro Nenni. La collaborazione tra i partiti antifascisti trovò espressione nella formazione dei governi di unità nazionale, il primo dei quali venne presieduto dall'azionista Ferruccio Parri, che però dovette cedere le redini a De Gasperi nel dicembre 1945. Tale collaborazione ebbe termine nel maggio 1947, quando il leader della DC, anche sotto la pressione degli americani, pose fine ad essa, escludendo i socialcomunisti e formando un governo di segno moderato composto da democristiani, liberali e indipendenti. Sennonché la rottura della formula di governo, nella cui continuità aveva sperato la sinistra, se generò inevitabili tensioni, non mise in forse il comune lavoro nell'Assemblea costituente, che si concluse nel dicembre 1947 e da cui uscì la Costituzione.

Il dopoguerra italiano – oltre che dai rilevanti problemi creati dalla ricostruzione delle abitazioni, dei trasporti e più in generale di tutti i servizi colpiti dalle distruzioni belliche e dalla ripresa e dal potenziamento della macchina produttiva – fu segnato da quelli attinenti alla quanto mai incombente e cruciale questione della condanna dei fascisti accusati di crimini e dell'epurazione di coloro che negli apparati statali e ai vertici dell'economia avevano costituito il puntello del fascismo prima e dopo il 1943; alle diffuse violenze illegali, accompagnate da numerose uccisioni, commesse nei confronti di fascisti e collaborazionisti; ai movimenti separatistici, esplosi con particolare vigore in Sicilia; e agli acuti conflitti sociali generati dalle assai difficili condizioni di vita dei lavoratori dell'industria e della terra. Tutti questi problemi vennero affrontati con significativi compromessi e dando prove di realismo politico da parte dei governi di coalizione antifascista e dei partiti che li sostenevano. Nel giugno 1946 fu il leader comunista Togliatti, allora ministro guardasigilli, a varare un'amnistia molto ampia a favore della quasi totalità dei fascisti imprigionati. Quanto all'epurazione, essa rimase pressoché lettera morta. Venne così messa in atto rapidamente e largamente una strategia di pacificazione a cui fece però riscontro una vasta azione delle magistratura, accompagnata da numerosi processi e severe condanne, nei confronti di quanti – animati dalla volontà di procedere al "regolamento dei conti" – furono accusati di crimini e persecuzioni e di ex partigiani in particolare comunisti sospettati di aver commesso arbitrari atti di violenza durante la guerra civile. La mancata epurazione nei confronti degli apparati dello Stato ebbe come conseguenza di favorire la continuità di potere della burocrazia e di impedirne il rinnovamento. I movimenti separatistici, che ebbero il loro epicentro nella Valle d'Aosta, in Alto Adige e soprattutto in Sicilia furono controllati e repressi sia concedendo vaste autonomie amministrative sia ricorrendo nell'isola, dove il separatismo si mise sulla strada anche armata, all'azione militare.

Occorre, a conclusione di questa assai rapida sintesi, sottolineare due altri aspetti di grande importanza della ricostruzione economica e istituzionale. L'uno fu che la sinistra politica e sindacale comunista e socialista diede un importante contributo, nonostante la sua ideologia accesamente classista, vuoi al contenimento dei conflitti politici e sociali vuoi al rilancio produttivo, seguendo una linea di sostanziale moderazione su entrambi i versanti. A sostegno di questa linea si schierò in maniera assai determinata il capo del Partito comunista Togliatti, che dopo la Liberazione, ben comprendendo le implicazioni della divisione delle sfere di influenza in Europa tra Unione Sovietica e Stati Uniti, operò per contenere le spinte estremistiche all'interno del partito, per mettere al bando le correnti che nutrivano velleità ribellistiche e persino insurrezionistiche, optando per un linea legalitaria intesa a utilizzare la "democrazia borghese" per aprire la strada alla trasformazione socialista del paese quando in un pur indeterminato futuro le condizioni fossero favorevolmente mature.

L'altro aspetto fu la collaborazione data dai comunisti e dai socialisti all'elaborazione della Costituzione, che istituì un sistema parlamentare bicamerale, respingendo, per i timori di possibili derive autoritarie, la proposta, sostenuta dal Partito d'azione, di un sistema presidenziale inteso a dare maggiore forza e autorevolezza al potere esecutivo, sottraendolo a troppo forti condizionamenti da parte dei partiti. La Costituzione fu il frutto di vari "compromessi" tra i principi della democrazia liberale, i valori della solidarietà sociale cui erano particolarmente sensibili non solo i comunisti e i socialisti ma anche settori della sinistra cattolica, gli interessi del mondo cattolico – a cui, come disse Togliatti, i comunisti si piegarono per non dividere le masse popolari e accendere un contrasto di natura religiosa che sarebbe stato sfruttato dalla Chiesa e dai democristiani contro la sinistra. La Costituzione, entrata in vigore nel gennaio 1948, fu una carta per un verso avanzata sul piano del riconoscimento dei diritti sociali e del diritto al lavoro, per l'altro di segno nettamente conservatore in tema di rapporti tra Stato e Chiesa cattolica. Facendo appello alla stragrande maggioranza numerica dei cattolici in Italia e al diritto perciò della Chiesa di godere di privilegi particolari da parte dello Stato, con il parere contrario di socialisti, degli azionisti e dei liberali e con l'accordo tra democristiani e comunisti (questi ultimi poco sensibili al principio della laicità delle istituzioni), i Patti del Laterano stabiliti tra il regime fascista e la Chiesa cattolica nel 1929 vennero tout court inseriti nella Costituzione – che pure proclamava quello democratico-repubblicano uno Stato laico –, discriminando nettamente tra la condizione legale delle minoranze religiose e quella della Chiesa cattolica, che continuò ad essere riconosciuta come la sola religione dello Stato. Il che fece sì che lo Stato repubblicano assumesse di fatto un volto soltanto "semi-laico". I comunisti accettarono, contribuendo attivamente a realizzarli, i compromessi alla base della Costituzione nella speranza, rivelatasi vana, di poter un giorno superarli nel processo di transizione dalla «democrazia borghese» alla «democrazia socialista».

Entrata in vigore la Costituzione, il 18 aprile 1948, come si è già ricordato, si svolsero nuove elezioni. Il risultato andò contro tutte le previsioni: la Democrazia cristiana ottenne il 48, 5 per cento con 305 seggi alla Camera dei deputati, il Fronte democratico popolare – che univa socialisti e comunisti – il 31,0 con 183 seggi. Il successo dei democristiani ne fece la prima forza del paese, ponendo le basi di un predominio politico ed elettorale che sarebbe durato per un'intera epoca storica; la sinistra socialcomunista subì una sconfitta bruciante, contraddistinta però dal fatto che il Partito comunista ebbe il sopravvento in termini numerici rispetto al Partito socialista (dato rimasto anch'esso immutato sino alla fine della Prima repubblica). In un simile contesto, fu un atto di grande leadership da parte di De Gasperi di associare al potere i piccoli partiti "laici" e di resistere alle pressioni provenienti dalla Chiesa e dai settori più conservatori del mondo cattolico i quali spingevano per imprimere alla politica del governo un carattere clericaleggiante.

Nacque così in Italia su queste basi lo Stato liberaldemocratico parlamentare. Sennonché nell'Italia del 1948 il liberalismo era in realtà un'ideologia, una cultura politica senza figli, poiché da un lato propriamente liberali non erano i democristiani, dall'altro i comunisti e i socialisti liberali non lo erano per niente; quanto al piccolo partito liberale, esso era una forza conservatrice con un radicamento assai debole. In Italia si affermò bensì il pluralismo politico e culturale, ma il sistema partitico creato nel 1948 in seguito alla clamorosa vittoria della Democrazia cristiana diede origine all'ultimo dei sistemi bloccati, dopo quello dello Stato liberale e dello Stato fascista. Nel corso della Prima repubblica, esauritasi nei primi anni '90, questo sistema attribuì alla Democrazia cristiana e ai suoi alleati un rinnovato oligopolio di governo, che – dato il clima della guerra fredda internazionale e interna – non solo non consentì mai, in base ai risultati elettorali, al Partito comunista, il maggiore partito di opposizione, considerato un pericolo per la democrazia, di accedere alla guida dello Stato, ma neppure riconobbe in sostanza la legittimità (pur formalmente riconosciuta) di un tale accesso, data la natura «anti-sistema» del partito stesso.

A sbarrare la strada fu anche la decisa opposizione degli Stati Uniti. Così emerse appieno il carattere incompiuto della democrazia italiana e la sua anomalia rispetto ai sistemi più maturi e meglio funzionanti. Pesante rimase poi per vari decenni l'eredità del centralismo burocratico tipico delle strutture dello Stato liberale e di quello fascista, evidenziando i forti limiti del rinnovamento delle istituzioni messo in atto nel paese dopo il 1945.

Finito di stampare
nel mese di dicembre 2014
dalla Grafica Editrice Romana S.r.l.
Roma